Ullstein

Über das Buch:

Berlin und seine Kieze – dieses Buch porträtiert die Hauptstadt so, wie sie wirklich ist. Es zeigt die Dörfer, die Viertel – die hektische Großstadt und die stillen Oasen, Ost und West.
Die Bezirksredaktion der *Berliner Morgenpost*, deren Serie »Berliner Kiez-Tour« zu einem Muß für Berliner und Berlin-Besucher geworden ist, beschreibt auch die soziale, wirtschaftliche und kulturelle Infrastruktur der Kieze. Und es zeigt nicht zuletzt die Menschen: Wie wohnt man in den Kiezen? Nicht nur Berliner, die einen Umzug planen, dürfte diese Frage interessieren, auch Neu-Berliner finden hier ihren Lieblingskiez. Wo sollte man unbedingt mal gewesen sein? Hier finden Sie Orte, die in üblichen Stadtführern verschwiegen werden.
Von guten Schulen, schönen Kneipen, bemerkenswerten Museen, hervorragenden Einkaufsmöglichkeiten – von preiswerten Wohnungen und noblen Villenvierteln, von markanter Architektur und neuerer Stadtgestaltung ... in diesem Buch finden Sie eine Weltstadt, die gerade im Kleinen interessant ist.
In *Berliner Kieze* erfahren Sie, welche Buslinie Sie auf keinen Fall verpassen sollten. Und Sie erfahren, wo sie landen, wenn Sie Buckow-Süd oder das Storchen-Dorf, den alten Kiez Malchow besuchen oder dort wohnen wollen. Sie wohnen schon dort? Glückwunsch. Sie werden sehen, daß sich auch Ihre Vorliebe für Ihren Kiez in den Beiträgen von *Berliner Kieze* wiederfindet. Mit Register, zahlreichen Farbfotos und übersichtlichen Karten.

Die Herausgeber:

Norbert Gisder ist Autor und Herausgeber zahlreicher Veröffentlichungen, darunter »Backstage – das Ballett der Deutschen Staatsoper«, »Brandenburg rund«, »Berlin rund« (beide Sportverlag, Berlin). Heidi Kuphal arbeitet als Redakteurin in der Bezirksredaktion der *Berliner Morgenpost*.

Norbert Gisder
Heidi Kuphal (Hrsg.)

Berliner Kieze

Von Alt-Biesdorf bis zum Kudamm,
von Lübars bis zum Alex

Ullstein

Ullstein Buchverlage GmbH & Co. KG, Berlin
Taschenbuchnummer: 35824

Originalausgabe Juli 1998
Berliner Kieze
Norbert Gisder, Heidi Kuphal (Hrsg.)

Redaktion: Andreas Abel, Ela Dobrinkat, Rüdiger Winter
Fotos: Berliner Morgenpost (36), Berlin-Press (10)
Index-Redaktion: Hans-Jörg Evert, Peter Höpfner,
Oliver Kniess
Graphiken: Edeltraud Waltke
Umschlaggestaltung: Vera Bauer
Illustration: Berliner Morgenpost/Berlin-Press

Satz: LVD GmbH, Berlin
Druck und Verarbeitung: Clausen & Bosse, Leck
Printed in Germany 1998
ISBN 3 548 35824 1

Gedruckt aus alterungsbeständigem Papier
mit chlorfreiem Zellstoff

Die Deutsche Bibliothek – CIP-Einheitsaufnahme

Berliner Kieze: Von Alt-Biesdorf bis zum Kudamm,
von Lübars bis zum Alex / Norbert Gisder/
Heidi Kuphal (Hrsg.). - Orig.-Ausg. - Berlin: Ullstein, 1998
(Ullstein-Buch; 35824)
ISBN 3-548-35824-1

Inhalt

»Berliner Kieze« – Das Buch zur Serie. Sie begann im April 1997 in der »Berliner Morgenpost« und wurde zum Dauerbrenner. Inzwischen sind die Folgen dreistellig.
Die Idee, sie in einem Buch zusammenzufassen, entstand nicht bei den Schreibern, sondern bei den Lesern. Da riefen Familien an, die in den Urlaub fahren wollten und sich sorgten, daß sie in diesen drei Wochen etwa »ihren Kiez« verpassen könnten. Andere wünschten sich schon Monate zuvor erschienene Serien-Teile, um ihre Sammlung zu komplettieren. Aus dem württembergischen Tübingen meldete sich ein Mann, der alle Pankower Kieze haben wollte, weil er vor seinem Umzug nach Pankow stand, und aus Düsseldorf eine Frau, die um »die ganze Serie« bat: der Regierungsumzug versetze sie nach Berlin.
Neu-Berlinern wie ihr sollen die Kiez-Porträts helfen, die Metropole mit ihren 23 nahezu selbständigen Bezirken kennenzulernen und als neue Heimat anzunehmen. Einheimische könnten sie ermuntern, sich das noch Fremde jenseits der einstigen Mauer zu erschließen. Und Touristen mögen sie anregen, ein wenig tiefer einzudringen ins Berliner Leben und schöne Tage zu verbringen in unserer Stadt.

Berlin, im Juli 1998
Norbert Gisder und Heidi Kuphal, Herausgeber

Fast food, Jil Sander und ein Hauch von Paris

Das Kranzler. Ausgerechnet dort, wo sich der Kudamm von seiner lautesten und unattraktivsten Seite zeigt, ist die Terrasse immer voll besetzt. Es muß der Mythos sein, der Berliner und Berlin-Besucher aller Couleur in Scharen anzieht, die Erinnerung an die 20er Jahre, die Glanzzeit des Kurfürstendamms, als sich an dieser Stelle im »Café des Westens« die intellektuelle und künstlerische Avantgarde traf und Schriftsteller den feinen Modeboulevard das »größte Caféhaus Europas« nannten.
Heute regiert der Durchschnitt, begegnen sich schrille Typen so selten wie elegante Damen, ist Plastik häufiger

als weltstädtisches Flair. Und dennoch: »Wir lieben den Kudamm, hier pulsiert das Leben«, schwärmen Berlinerinnen mittleren Alters und schleppen ihre Freundinnen aus der Provinz auf den Boulevard. Einmal vom Olivaer Platz bis zum Kranzler: »Das schönste Café ist es nicht, aber im Kranzler muß man einfach gewesen sein.«
Diese etwa 1,5 Kilometer sind der Teil des insgesamt 3,5 Kilometer langen Boulevards, den Berlin-Besucher wahrnehmen. Das ist für sie der Kudamm. Hier präsentiert er alles, was er zu bieten hat: Modehäuser, Juweliere, Boutiquen, Cafés, Restaurants, Hotels, Kinos, Theater. Was viele vermissen, ist Charme. Unpersönliche Filialisten etablieren sich neben Nobelgeschäften.
Auf dem Abschnitt zwischen Knesebeckstraße und Olivaer Platz wird die Luft dünner, der Touristenstrom spärlicher, das Publikum eleganter. In repräsentativen Altbauten haben sich Luxusmarken wie Jil Sander und Versace niedergelassen. Auch die Gastronomie setzt mit den Cafés Wellenstein, Reinhard's und dem Gourmet-Restaurant Dressler Akzente. Hier finden die »Young and Beautiful« von Berlin ihren Hauch von Paris.

Positive Signale. Doch davon wünschen sich die Geschäftsleute mehr. Der Kurfürstendamm braucht wieder Flair, das zum Verweilen einlädt. So richtig gut geht es im ausgehenden Jahrtausend kaum einem. Die Konjunktur ist schwach, der Umsatz bescheiden, die Fluktuation groß. Banken und Versicherungen diktieren die Mieten. Kleine Pensionen kämpfen ums Überleben.
Bei aller Sorge und Kritik ist man von der 1A-Lage des Boulevards überzeugt. Die Konkurrenz der neuen Mitte fürchtet kaum jemand: »Die Friedrichstraße wird immer etwas völlig anderes sein als dieser Boulevard mit seinen

herrlichen Platanen.« Top-Manager bestätigen: »Der Kurfürstendamm war, ist und bleibt eine erste Adresse.«
Denn mit seinen Seitenstraßen präsentiert sich am Kudamm bis zum Adenauerplatz eine in Berlin einzigartige Mischung aus Geschäftsleben und Müßiggang, Bescheidenheit und Eleganz, Fast-Food und Delikatessen, Kunst und Kitsch kombiniert mit gepflegter Wohnkultur hinter herrschaftlichen Gründerzeitfassaden.
Jede Seitenstraße hat ihr eigenes Flair. Die Uhlandstraße prägt moderne Nüchternheit. Die Knesebeckstraße hat ihren Ruf als Büchermeile, die Bleibtreustraße glänzt mit Mini-Boutiquen. Eine Oase zwischen Luxusläden, Galerien und Kollwitz-Museum ist das Literaturhaus mit seinem romantischen Garten und Wintergarten-Café an der Fasanenstraße. Im Zille-Hof hinter Kempinski und jüdischem Gemeindehaus gibt's unter Hirschgeweih und Pickelhauben Trödel aller Art. Die elegant herausgeputzte Giesebrechtstraße führt in einen liebenswerten Kiez mit Irish-Pub und Insider-Kino.
Wer hier wohnt, weiß seine vier Wände zu schützen. »Wir haben alles«, sagen die Bewohner des Quartiers. »Gemischtes Publikum, interessante Nachbarn, Nachtleben. Auch der tägliche Bedarf wird bedient. Man braucht nicht raus aus dem Kiez, wenn man nicht will.« Das nötige Kleingeld darf aber nicht fehlen. »Urbaner Typ, gehobenes Bildungsbürgertum, Singles, Doppelverdiener ohne Kinder«, so charakterisiert eine Antiquitätenhändlerin ihre Nachbarn.
Sichtbar ändert die noble Straße am Adenauerplatz ihren Charakter: Der Kudamm wird vom Bummel-Boulevard zur stark befahrenen Verkehrsader, die Autos und Busse von den Außen- in die Innenbezirke oder zur Stadtautobahn leitet. Der 1998 verstorbene Künstler Wolf Vostell hat das Verkehrstreiben zur 750-Jahr-Feier Berlins mit

den beiden umstrittenen einbetonierten Cadillacs auf dem Rathenauplatz versinnbildlicht. Der motorisierte Zeitgenosse dominiert. Das »Musikcafé« am Kudamm 151 ist beliebter Treff für Motorradfahrer. Promis oder solche, die es gern wären, protzen am Wochenende mit Luxuslimousinen vor dem Restaurant »Ciao Ciao« neben der Schaubühne am Lehniner Platz. Das In-Lokal ist jedoch längst zwischen Spiel- und Bowlinghalle eingekeilt.

Die meisten Bummler kommen indes gar nicht bis dorthin. »Der Ladenleerstand macht das Weitergehen schon ab Olivaer Platz uninteressant«, ärgern sich Geschäftsleute. Daß der Kudamm auch jenseits des Adenauerplatzes noch Kudamm heißt, ist kaum einem Touristen bekannt. »Nach der Schaubühne kommt doch nur noch der Grunewald, sonst nichts«, irrt selbst ein Taxifahrer. Aber irgendwie hat der Mann schon recht. Hier oben tritt der Kudamm bescheiden hinter dem flotten Bruder zurück, der mit Gedächtniskirche, dem Tauentzien bis hin zum KaDeWe am Wittenbergplatz Magnet für Flaneure aus aller Welt ist. Westlich der Schaubühne prägen Supermärkte und Billigläden, Baumärkte und Autohäuser das Straßenbild.

Dieser Abschnitt des Boulevards gehört den Berlinern. Kinder flitzen mit Inline-Skates über die breiten Bürgersteige. Die Bewohner der ruhigen Seitenstraßen wie der Cicero-, der Albrecht-Achilles- oder der Katharinenstraße finden ihren Kiez lebens- und liebenswert. Sie sind froh, in direkter Nachbarschaft ihren täglichen Bedarf bei Penny, Aldi und Kodi preiswert decken zu können. Gleichzeitig genießen sie die Nähe zur größten Einkaufsstraße der West-City. Repräsentative Gründerzeithäuser gibt es nur noch wenige. »Sie sind nicht dem Krieg, sondern der Zukunftseuphorie der 50er und 60er Jahre zum Opfer ge-

fallen«, klagt die Schriftstellerin Regina Stürickow, die ein Buch über den Ku'damm geschrieben hat.
Doch es gibt durchaus lohnende Ziele: Auf dem neugestalteten Henriettenplatz mit dem Medusenbrunnen schlemmen bei Sonnenschein Familien vor der Eisdiele »Hennig«. Kiezkneipen und Restaurants vervollständigen ein vielfältiges gastronomisches Angebot: vom Traditionsportugiesen »Lusiada« über gehobene Küche im »Eiffel« bis zu einer Reihe von Italienern. Für »Ostalgiker« ein Muß ist die »DM-Postenbörse« am Kudamm 105. Hier wird Tafelgeschirr aus dem Palast der Republik verscherbelt.
1996 hat Erika Standfuß den Sprung an den Kudamm 97–98 gewagt. Die »Meisterin des Modistenhandwerks« verkauft nicht nur Damen- und Herrenhüte, sondern fertigt auch individuelle Kreationen. Wie die meisten Geschäftsleute hofft sie, daß der Aufwind des unteren Kudamms auch in den oberen bläst: »Aber es muß schnell gehen, sonst geht uns die Luft aus«, sagt Erika Standfuß.

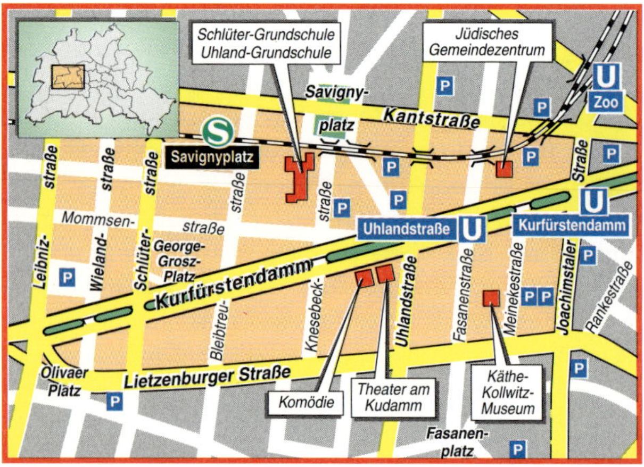

Schaukel-Tour zu Berlins Attraktionen in 47 Minuten

Ob der alte Mann mit kurzen Hosen, Wanderstock und Strohhut wohl vom Weg abgekommen ist? Weit und breit keine Wiesen, Wälder und Berge, statt dessen der Großstadtlärm vom Bahnhof Zoo mit Zügen, Autos und Menschen. Wo der Wanderer bloß hin will?

Hoch hinaus natürlich – auf die »Aussichtsplattform« eines 100er Busses. Von morgens halb fünf bis Mitternacht, tagsüber mitunter alle zweieinhalb Minuten und abends

im 20-Minuten-Takt, schaukeln die Doppeldecker der Linie 100 durch Berlins »alte« Mitte und klappern in nur 47 Minuten viele touristische Highlights ab. Das machte die Tour mit einem 100er weit über die Stadt hinaus bekannt und fast zur Pflicht für jeden Berlin-Besucher. Und da rollt der Bus auch schon heran.
Der vermeintliche Bergsteiger, der sich als ganz normaler belgischer Tourist entpuppt, kraxelt die Treppe zum Oberdeck hinauf. Der alte Herr kramt seinen Berlin-Führer hervor und lehnt sich gelassen in der vordersten Reihe zurück: Er weiß, wo man den besten Blick hat.
Was für die einen ein preisgünstiger Sightseeing-Spaß ist, nehmen manche als notwendiges Übel. Berliner, die mit dem Bus zur Arbeit fahren, reißen sich nicht um die Fensterplätze und lassen sich auch nicht erwartungsvoll nieder. Sie rauschen täglich an Siegessäule und Dom vorbei und würdigen diese keines Blickes mehr. Es nervt sie, daß der Bus oft rammelvoll ist und die Luft stickig. Sie wollen nach Hause. »Na endlich«, schnauft denn auch eine junge Frau, als der Busfahrer Gas gibt und in die Hardenbergstraße einbiegt.
Vor dem Tunnel am Breitscheidplatz stoppt ihn Rot. Für Sekunden bietet sich Gelegenheit, in Beate Uhses »Welt der Erotik« zu schielen. Der Sex-Shop geizt nicht mit Reizen: Die Lackcorsagen in den Fenstern sowie »Spielzeug« der anderen Art bringen die Phantasie der Fahrgäste ins Rollen.
Doch der Japaner auf der letzten Bank im Oberdeck hat anderes im Kopf. Während er sich die Nase an der Scheibe plattdrückt, schraubt er aufgeregt ein Objektiv auf die Kamera. Grund für die Eile ist die Gedächtniskirche. Klick. Ein Ami findet das im Krieg arg zerstörte Gotteshaus »wonderful«. Der Bärtige in der dritten Reihe hingegen

guckt nicht mal von der Zeitung hoch. Offenbar ein Einheimischer.
Gegenüber dem Elefantentor des Zoologischen Gartens steigen drei Mädchen zu. Sie kommen oft aus Prenzlauer Berg zum Kudamm – »weil man da so schnell Anschluß hat«, sagen sie mit einem verschmitzten Lächeln. Die Mädchen tauschen plappernd ihre neuesten Erlebnisse aus, während der Bus wieder volle Fahrt gewinnt.
Am Großen Stern legt er sich scharf in die Kurve und rauscht um die Siegessäule. Der Amerikaner himmelt die Goldelse an, die über ihm verloren in die Ferne blickt. Unter ihren wehenden Bronze-Röcken schwankt der 100er zur »Schwangeren Auster«.
Rund ums heutige Haus der Kulturen der Welt steigen Rauchwolken und Essensdüfte von den Wiesen des Tiergartens auf. Beim Anblick der Lammkoteletts und Würstchen, die zumeist türkische Familien auf ihren Holzkohlengrills brutzeln, knurrt nicht nur dem Belgier der Magen. Kühltaschen und Campingtische »zieren« das einstige kurfürstliche Jagdrevier.
Bald rollt der Doppeldecker durchs Brandenburger Tor. Die geplagte Berlinerin reagiert vollends genervt, weil eine Achtjährige ihrem Mini-Computer unentwegt fiepende Töne entlockt. Die Touristen hingegen sind happy. Am Symbol der deutschen Teilung und auch der Wiedervereinigung spüren sie geradezu den Hauch der Geschichte. Geradeaus geht es Unter den Linden an vielen Sehenswürdigkeiten wie Staatsoper, Dom und Palast der Republik vorbei auf den Alex zu. Viele Touristen haben hier genug gesehen und steigen aus. Auch der Belgier zückt seinen Wanderstab und beginnt den Abstieg. Allerdings scheint er schon dem nächsten Ziel entgegenzufiebern. Es wird doch wohl nicht der 368 Meter hohe Fernsehturm sein?

Die Buslinie 100 und was man alles sieht

1. **Kaiser-Wilhelm-Gedächtniskirche** (1891–95) mit Nachkriegs-Neubau von Egon Eiermann unter Einbeziehung der Turmruine.
2. **Siegessäule** (1873) mit Bronzeskulptur der Viktoria.
3. **Schloß Bellevue** (1785/86), frühklassizistisch. Berliner Sitz des Bundespräsidenten.
4. **Haus der Kulturen der Welt** (Kongreßhalle), Beitrag zur Interbau 1957. Pläne: Stubbins (USA).
5. **Sowjetisches Ehrenmal**, 1945 nach Berlin-Besetzung angelegt.
6. **Reichstag** (1884–94) im Stil der italienischen Hochrenaissance. Baustelle Foster-Entwurf, zukünftiger Sitz des Bundestags
7. **Brandenburger Tor** (1789–91) von Carl Gotthard Langhans, letztes von ehemals 14 Stadttoren.
8. **Humboldt-Universität,** Hauptsitz im ehemaligen Prinz-Heinrich-Palais (1748–56).
9. **Deutsche Staatsoper.** 1742 als Königliches Opernhaus eröffnet, nach Brand 1843 Wiederaufbau nach Plänen von C. F. Langhans.
10. **Zeughaus** (1706), erster barocker Großbau Berlins, heute Deutsches Historisches Museum.
11. **Museumsinsel,** 1830–1930, Ensemble fünf architektonisch bedeutsamer Museumsbauten.
12. **Palast der Republik** (1973–76) auf dem Platz des ehemaligen Schlosses. Sitz der letzten DDR-Volkskammer. 1990 wegen Asbestverseuchung geschlossen.

13. Berliner Dom (1894–1905) nach Plänen von Julius Raschdorff erbaut.

14. Marienkirche, mittelalterlicher Kirchenbau, erstmals 1292 urkundlich erwähnt. Davor neobarocker **Neptunbrunnen** (1886–91) von Reinhold Begas. Vorbild Vierströmebrunnen in Rom.

15. Fernsehturm. Erbaut 1966–69, 368 Meter hoch. Kugel mit sich drehendem Café.

16. Rotes Rathaus (1861–69), Klinkerbau am Ort des ersten Rathauses im 13. Jahrhundert.

17. Volkspark Friedrichshain, 52 Hektar groß. Erste Pläne von Peter Joseph Lenné aus dem Jahr 1840. 1902–13 Bau des neobarocken Märchenbrunnens.

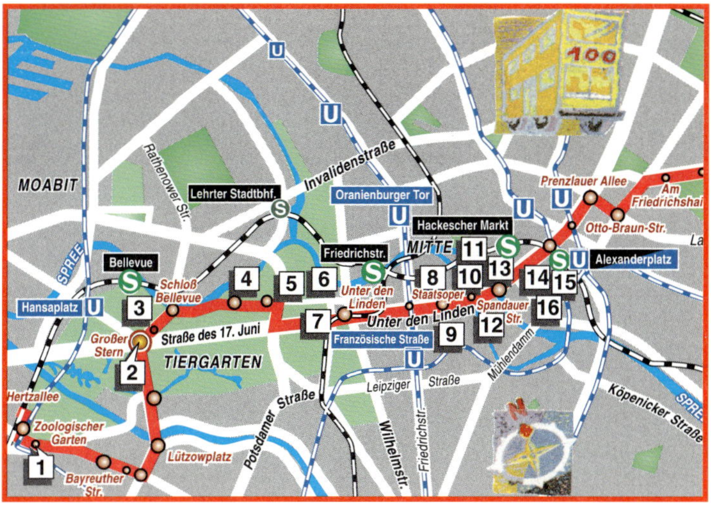

Wo die Berliner relaxen und Lenins Kopf rollte

Knallrot getupft ist die Wiese – mit Tulpen. Spaziergänger flanieren die Parkalleen entlang. Kaum läßt sich die Sonne blicken, sind die Liegewiesen bevölkert. Vom Lärm der nahen, stark frequentierten Landsberger Allee zwischen Zentrum und Marzahn ist im idyllischen Volkspark Friedrichshain nichts zu hören. Der Park, 1848 nach Plänen des Lenné-Schülers Gustav Meyer zu Ehren Friedrich II. erbaut und benannt, gab 1920 dem kleinen Berliner Bezirk seinen Namen. Im Frühling 1998 feierten die Berliner

den 150. Geburtstag der Anlage, dem ältesten Berliner Gartendenkmal und Volkspark.
Im Zweiten Weltkrieg wurde fast der gesamte Baumbestand des Parks zerstört, dann nach Plänen des Stadtgartendirektors Reinhold Lingner neu gestaltet. Jogger, Radler und Skater frönen im weitverzweigten Wegesystem dem Fitneßkult. Am Märchenbrunnen rasten Mütter mit Kinderwagen, von der Aussichtsplattform des »Mont Klamott«, dem 78 Meter hohen großen Berg, genießen die Berliner den Blick über den Kiez. Wahrscheinlich nur die Älteren wissen, daß hier nach dem Krieg aus 2,1 Millionen Kubikmetern Schutt und Bunkertrümmern der große und der kleine (48 m) Bunkerberg aufgetürmt und begrünt wurden. »Früher konnte man dort überall rodeln«, erinnert sich Hans-Joachim Schneider, der im Kiez groß geworden ist. Heute geht der Zoo-Fachhändler mit seiner Tochter lieber zum Schwimmen oder Eislaufen ins Sport- und Erholungszentrum an der Landsberger Allee. Seit 1992 will der Senat die im März 1981 eröffnete Anlage an einen privaten Investor veräußern. Alle Versuche schlugen bisher fehl.
Einen Teil seiner Fläche mußte der Volkspark vor 124 Jahren für den Bau des ersten städtischen Berliner Krankenhauses abgeben. Ein Sohn der Stadt, Jean Jacques Fasquel, hatte Berlin 50 000 Taler geschenkt. Die Architekten Heino Schmieden und Martin Gropius schufen ein Krankenhaus mit Pavillon-Charakter, das bis über die Jahrhundertwende hinaus als beste und modernste Klinik Europas galt. Vom Krankenhaus leben umliegende kleine Geschäfte wie der Blumenladen an der Landsberger Allee, der vor der Wende zur Gärtnerischen Produktionsgenossenschaft »Kleeblatt« gehörte, und Schneiders Zoogeschäft. Am einstigen Leninplatz wohnen noch heute »Bessersituierte«, erzählt der Zoohändler. Dort entstanden 1968 bis

1970 nach Entwürfen des Architekten Hermann Henselmann Neubauten in ungewöhnlicher Form. Zwei lange Wohnblocks rahmen als »Schlange« und »Bumerang« den Verkehrsknotenpunkt ein.
»Mit der städtebaulichen, architektonischen und bildkünstlerischen Gestaltung dieses Platzensembles ehren wir Wladimir Iljitsch Lenin«, hieß es damals. Mit großem Brimborium wurde kurz vor dem 100. Geburtstag Lenins 1970 das 19 Meter hohe Denkmal enthüllt. Im November 1991 wurde Lenin vom Sockel gestürzt. Abrißkosten: 700 000 Mark. Viele der alten Genossen hatten bis zuletzt gegen die Entfernung des Denkmals protestiert. Heute plätschern auf dem Platz Wasserfontänen über Granitfelsen, und einen anderen Namen hat er auch: Platz der Vereinten Nationen. Nun müsse die »Landsberger« auf Vordermann gebracht werden, wünschen sich die Einzelhändler. Die Zeichen dafür stehen nicht schlecht. An der Ecke Richard-Sorge-Straße eröffnete im April 1998 Friedrichshains zweites Multiplex-Kino. Bis zum Jahr 2000 entstehen dort zudem Wohnungen, ein Hotel, Läden und Restaurants.

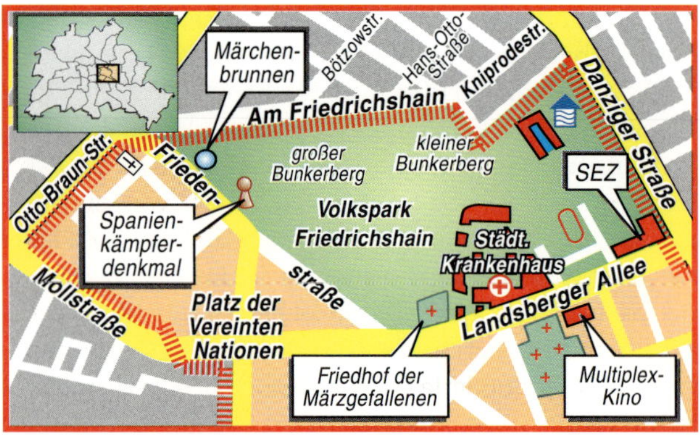

Wer hier wohnt, zieht nicht mehr weg

In kaum einem anderen innerstädtischen Kiez kann man so schön wohnen und durch die Kneipen ziehen. Wer den Ludwigkirchplatz kennt, weiß ihn vor allem deshalb zu schätzen. Wolfgang Hempel kennt unzählige Berliner und Berlin-Touristen, denen das so geht. Der Mann ist Gastwirt mit Herz und Seele. Einer, der den Kiez um den Platz zu dem macht, was er ist – ein Mekka der Pinten-Freaks und Gastro-Fans. Seit 1986 führt der Saarbrücker eine der In-Kneipen Berlins: das »Café Menta« an der Emser Straße 24. Für Hunderte tagtäglich Gateway in die Ludwigkirch-Szene.

Tatsächlich: Wer gern ausgeht, Großstadt und Hektik ebenso wie beinahe dörfliche Intimität liebt, in der jeder bald jeden kennt, den wird es mit sanftem Zwang immer wieder ins Viertel um die Ludwigkirche nach Wilmersdorf ziehen. Anteil daran haben sicher nicht zuletzt die Franziskaner, die eine 10 000 Mitglieder starke Gemeinde um die 1897 geweihte, neobarocke Ludwigkirche zum lebendigen Zentrum der Katholiken ausbauten. Den Franziskanern ist es auch zu danken, daß der Spielplatz hinter der Ludwigkirche zum idyllischen Treffpunkt für Mütter wurde. Nachmittags, die Kinder im Blick, plauschen die Frauen an Kinderwippen unter alten Laubbäumen im Kirchgarten. Aber das Viertel zeichnet noch mehr aus: Galerien, Ateliers, Boutiquen sind neben der Gastronomie mit den schönen Schankterrassen, Kinos und Bars, Mode-Designern, einem Ofen-Museum an der Pariser Straße und dem Berliner Zigarren-Papst am Ludwigkirchplatz 1 sowie den regelmäßigen Schmuck- und Antiquitätenmessen im Logenhaus die wesentlichen Besucher-Magneten.
Man findet neben der koreanischen Garküche »Kwang Ju« und amerikanischem Gourmand-Lifestyle an Pariser und Sächsischer Straße das Route 66 am Ludwigkirchplatz, die Traditionslokale Café Solo und Khan oder das Bistroquet auf der anderen Seite, an der Pfalzburger Straße. Es gibt außerdem das erste holländische Imbiß-Restaurant »Van Fun« oder das armenische Restaurant Amberd an der Uhlandstraße, die Galerie Bremer in der Bleibtreustraße, und zwischen italienischer, griechischer, thailändischer und japanischer Küche auch deutsche Weinstuben und Bierhäuser, die Bouletten und Baguettes anbieten.
Kulinarischer Multikulturalismus macht den Kiez pikant wie ein heißes Chili. Die Liebe zum wilhelminisch-bürgerlichen Ambiente mit den schönen Gründerzeitfassaden

der Häuser des ehemaligen Millionärsbezirks geht durch den Magen – einem ungarischen Gulasch gleich. Zwischen Olivaer- und Fasanenplatz sowie dem Spiegelzelt mit der »Bar jeder Vernunft« schläft Berlin nie. Und das, obwohl die Etablissements zwischen Hohenzollerndamm im Süden und Rotlichtmeile Lietzenburger im Norden, zwischen den ruhigen Wohnvierteln um Brandenburgische und Konstanzer Straße sowie Olivaer Platz im Osten, Bundesallee und Fasanenplatz im Westen nicht die billigsten sind, in denen man Tag und Nacht sein Geld loswerden kann. In dieser Szene machen Zecher die Nacht noch zum Tag, wenn draußen schon der Morgen graut. Und während Frühaufsteher zum täglichen Gesellschaftsspiel starten – Anstehen im Stau auf der Stadtautobahn –, gibt es zwischen Ludwigkirch- und Fasanenplatz noch den Stau vor den Zapfhähnen.
Erich Kästners Berlin-Bild der Weimarer Zeit (er nannte Berlin »die interessanteste Großstadt der Welt«) wurde durch den Blickwinkel an der Prager Straße geprägt. Nie war der Vater des modernen Großstadthelden »Fabian« produktiver als in seinen Wilmersdorfer Jahren 1927 bis 1931: »Emil und die Detektive«, »Pünktchen und Anton«, »Herz auf Taille«, »Lärm im Spiel«, »Ein Mann gibt Auskunft« entstanden im Herzen der City.
Jessel und Remarque sind weitere Zeugen dafür, daß es sich nördlich des Preußenparks und des Fehrbelliner Platzes mit einem der schönsten Flohmärkte kreativ leben läßt. An der Düsseldorfer Straße 47 nennt eine Gedenktafel Leon Jessel, der dort von 1925 bis 1941 lebte. Der Komponist vom »Schwarzwaldmädel« wohnte sozusagen in der Nachbarschaft von Erich Maria Remarque, der im Haus an der Wittelsbacherstraße 5 das Kriegsbuch schrieb, das bis heute Millionenauflage macht: »Im Westen nichts Neues«.

Wenn Wilmersdorfer Witwen im Trubel des ausgehenden Jahrtausends den Überblick verlieren, beklagen sie gerade das Neue: »So verrucht war die Pariser Straße früher nicht«, heißt es. Liebesdienerinnen und Zuhälter sind den Damen der Gesellschaft nicht generell ein Greuel (»wir waren auch keine Engel«), die Kriminalität aber, die der Szene folgt, schreckt: Schlägereien um Parkplätze, Handtaschendiebstähle, Autoeinbrüche. »Polizei und Leibwächter beschützen unseren Bundeswirtschaftsminister. Aber uns? ...« Eine alte Frau zeigt mit dem Krückstock auf das quadratische Klingelschild am Ludwigkirchplatz. »G. R.« steht darauf. »Früher war es hier schöner.« Ja, früher. Das gab es an der Pariser Straße noch den Fleischer und an der Emser die Drogerie des alten John, der Stammkunden schon mal heimlich einen Dujardin hinterm Seifenregal einschenkte. Die Stadt wird schneller. Junge Leute mieten sich ins Viertel der Arrivierten ein. Inline-Skater und Rollerblader im »Strawberry«, Alpinisten im »City-Sport«, ein Hanf-Laden hat sich etabliert. Die Goldschmiedekunst von Suse Hanspach-Leßmöllmann (Düsseldorfer Straße 17), Modeateliers von Gesine Wessels (Ludwigkirchplatz 11), Anna von Griesheim, Angelo Sassu (Pariser Straße 44/43) und andere geben dem jugendlichen Charme etwas Gediegenes. Die Kleingärtner neben dem Logenhaus paßten wohl nicht in dieses Bild. Ihre Idylle wurde planiert. Ein Investor will dort sein Geld mit einem dieser Wohn- und Geschäftsblocks verdienen, die allenthalben jede grüne Ecke zubetonieren. Die Mieten steigen und steigen. Nummernschilder von Autos aus allen Teilen Deutschlands benennen die regionale Vielfalt der Interessenten an diesem Viertel. Hier möchten alle ihren Berliner Koffer stehen haben. Es herrscht Aufbruchstimmung – wie auf der anderen, der Charlottenburger Kudammseite, wo die Börse ihren Sitz hat – als schalle der Schlachtruf des Kapitalismus durch die Zeilen der sanierten Gründerzeit-Häuser: »Kauft, kauft, wer jetzt nicht einsteigt, für den ist der Zug abgefahren.«

Und doch: Einige gibt es, die dazugehören, gerade weil sie die Ruhe nie verlieren. Der Schneider Günter Schlaf an der Emser Straße 46 ist so einer. Der Atelierchef macht Couture für alle, die Wert auf bestes »Handmade in Berlin« legen. Seit 1980. »Ich werde bleiben«, sagt er. »Heute haben die Menschen sowenig Zeit. Und keiner schafft es mehr, seine Knöpfe selbst anzunähen. Da werde ich gebraucht.«

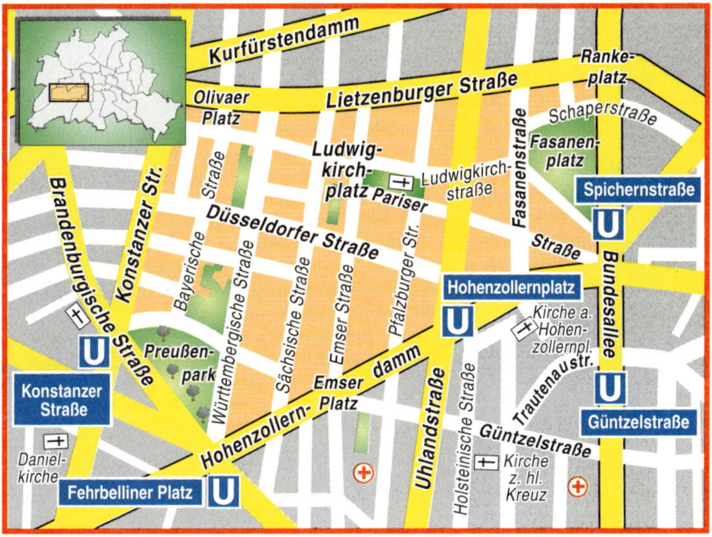

Das Spree-Eiland, auf dem die Weltstadt geboren wurde

An dieser Stelle muß es gewesen sein. Die Blicke schweifen vom Märkischen Ufer über die Spree zur Fischerinsel. Ehrfurchtsvolle Stille herrscht in der Touristengruppe. Dort etwa war die Furt, wo im 13. Jahrhundert die Doppelstädte Cölln und Berlin entstanden – die Wiege der Metropole. Die »Touris« versuchen gerade, zwischen Spree und Spreekanal verborgene Spuren der Stadtgeschichte zu erspä-

hen, da verkündet der Fremdenführer: »Wir befinden uns hier an der Südspitze der etwa 1,5 Kilometer langen Spreeinsel.«
Staunende Besucher gibt es im Stadtzentrum zuhauf. Sie besichtigen die zur 40 Hektar großen Spreeinsel gehörende Museumsinsel, den Lustgarten und den Schloßplatz. Doch die Insel-Südspitze, Fischerinsel genannt, ist nicht gerade sehenswert. Nur selten verirren sich Touristen in die Gaststätte »Zum Fischerkietz«, wo Wirtin Ursula Herold seit 1974 hinterm Tresen steht. Obwohl sie mit kulinarischen Extravaganzen wie Roßfleisch wirbt, kommen meist nur »Einheimische« in ihr Lokal. Zu abschreckend wirkt wohl auf Fremde die gräuliche Plattenbau-Skyline der Fischerinsel. Seit Anfang der 70er Jahre leben in den Neubau-Stalagmiten auf historischem Grund kinderreiche Familien, Ex-Funktionäre und vor allem im Ost-Teil bekannte Künstler wie Herbert Köfer, Klaus Piontek und Regina Thoss. Viele Mieter arbeiteten früher in der Bauakademie an der Breiten Straße oder im »Koko«-Imperium des DDR-Devisenbeschaffers Schalck-Golodkowski an der Wallstraße.
Unter den etwa 5000 Fischerinsulanern wird noch heute überwiegend links gedacht und gewählt. »West«-Politiker betreten nur ungern die »rote Insel« im »schwarzen Meer«. Fast fünfzig Prozent der Insel-Bewohner wollten 1995 einen PDS-Bürgermeister für Mitte. Bekommen haben sie dann aber doch einen von der CDU. Und das schmeckt ihnen genausowenig wie die Senatspläne für die City-Ost. Ein älterer Herr mit braunem Einkaufsbeutel: »Ringsum wird alles zugebaut. Soll das die Demokratie sein, die wir erkämpft haben?«
Als wollte die Stadt die PDS-Hochburg der Unbeugsamen strafen, verfällt seit Jahren das denkmalgeschützte »Ahorn-

blatt«, die einstige Ministerratskantine. Das benachbarte, frühere Dienstleistungsgebäude ist bis auf einen Supermarkt verwaist und verdreckt. Die Fischerinsel war bevorzugte Wohnlage. Für die, die dort groß geworden sind, ist sie es immer noch. Außer den Hochhäusern gibt es viel Grün, da sind Schulen, Kitas, ein Schwimmbad und Spielplätze. »Bis zum Alex und zur Friedrichstraße ist es nicht weit. Dort können wir einkaufen und ins Kino gehen«, schwärmen die Jugendlichen.
Ruhig ist es in der Breiten Straße, wo die Stadtbibliothek steht. Dort wurde Anfang 1997 das Fundament des vermutlich ältesten Hauses Berlins ausgegraben. Es wird auf das Jahr 1170 datiert. Westlich davon kündet der Touristenstrom von weiteren Sehenswürdigkeiten: dem Schloßplatz mit dem Staatsratsgebäude der DDR, den freigelegten Fundamenten des einstigen Stadtschlosses und dem Mahnmal des Trotzes und der Unentschlossenheit – dem Palast der Republik. Die Visitenkarte der DDR, einst Volkskammersitz und Kulturtempel, erhielt nach der Wende die Diagnose »asbestbelastet«. Seitdem ringen Abrißbefürworter und Sanierungsfreunde um den DDR-Kultursarkophag im Herzen der Stadt. Seit Ende 1997 wird nun erst einmal der Asbest entsorgt. Doch die Zukunft ist noch immer ungewiß.
Der Weg durch den Lustgarten zur Museumsinsel ist beschaulicher. Der wiederaufgebaute Berliner Dom, das Alte Museum und das Treiben rund um die Schloßbrücke versöhnen die Berlinbesucher. Die Spreeinsel kann auch mit dem Wassertaxi von Norbert Siebach in einer Stunde umschifft werden. Bei der humorvoll-lehrreichen Tour »Von Kinkel zu Kohl« – vom Außenministerium bis zum Reichstag – vermittelt der gelernte Dolmetscher seine gelassene Sicht auf die sonst oft angestrengt wirkende Hauptstadt-

Geschäftigkeit. Nach der Tour bummeln seine Fahrgäste dann über den Kunst- und Trödelmarkt am Zeughaus. Oder sie machen einen Abstecher ins Pergamonmuseum – wo sie auf den Stufen des alten Pergamonaltars von etwa 150 v. Chr. an das Berlin des kommenden Jahrtausends denken.

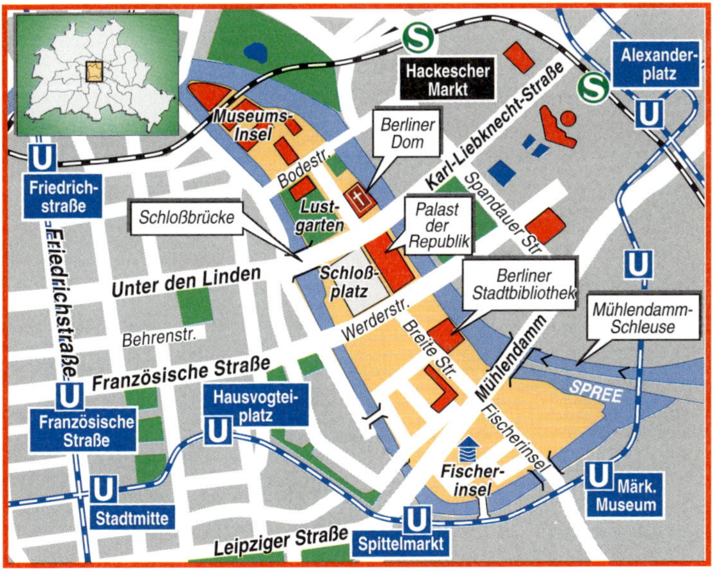

»Ein Dorf, in dem die Uhren noch langsamer gehen«

Es duftet nach Heu. Bienen summen in den alten Linden. Eine schwarze Katze hat sich vor dem Schulhaus zum Nickerchen zusammengerollt. Auf dem Schild am Gartenzaun steht: »Pferdemist umsonst abzugeben.« Die Hochhäuser des Märkischen Viertels sind nicht weit, doch Lübars ist eine Idylle geblieben. Immer noch bestimmt Ruhe das Geschehen.

Das verträumte Dörfchen am Nordostrand von Reinickendorf feierte im Sommer 1997 seinen 750. Geburtstag. Die erste urkundliche Erwähnung verdankt Lübars seiner Saumseligkeit in Sachen Steuern: Dem Nonnenkloster

zu Spandau verpflichtet, mahnte die Äbtissin im Jahre 1247 Abgaben an.
Die Sackgassenzeiten sind längst vorbei. Die Welt ist am Dorfausgang nicht mehr zugemauert – wie vor der Wende. Zu Stoßzeiten läßt jetzt Durchgangsverkehr die flachen märkischen Häuser des denkmalgeschützten Dorfkerns erzittern. Doch noch immer gehen rund um den alten Anger die Uhren etwas anders.
Fünf Uhr nachmittags. Feierabend gibt es auf den Lübarser Höfen nicht. Schon gar nicht im Hochsommer. Die Heuernte bestimmt den Tagesablauf: »So ist das seit eh und je«, sagt Joachim Kühne (67). Das Lübarser Urgestein gehört zu den gestandenen Autoritäten des Dorfes. Kühne, Rathenow, Neuendorf – seit Jahrhunderten sind diese Familiennamen mit Lübars verbunden.
Um die Jahrhundertwende gab es in Lübars 16 Bauern, heute leben sieben der elf verbliebenen landwirtschaftlichen Betriebe von Pferdehaltung. Ein Matthias Rathenow war vor 400 Jahren schon Wirt des Dorfkruges. Bauer Karl-Heinz Rathenow führt den Namen in Lübars ebenso fort wie eine der berühmtesten Persönlichkeiten im Ort: »Dodo, der Dorfdoktor«.
Der Landarzt aus echtem Schrot und Korn, mit bürgerlichem Namen Wolfgang Friedrich-Rathenow, eröffnete vor 39 Jahren seine Praxis in Alt-Lübars. Bis er in den Ruhestand ging, gab es zu den ärztlichen Ratschlägen viele Lebensweisheiten gratis dazu. Dodo ist wiederum Patenonkel von Christel Hartling-Adam: »Im alten Lübars ist jeder mit jedem irgendwie verwandt«, sagt die Wirtin des Alten Dorfkruges. Noch immer steht »Mutter Zimmers Rindsroulade« nach dem Rezept der Großmutter auf der Speisekarte des jüngsten Sprosses der Krugwirt-Dynastie. »Vieles hat sich doch verändert«, erzählt Joachim Kühne,

dessen Familie seit mehr als 250 Jahren in Lübars lebt. Als er 1965 den Hof vom Vater übernahm, war die Bullenmast die Haupteinnahmequelle. »Von Mast oder Milchwirtschaft zu leben, wurde immer schwerer. Heute gibt es kein Schwein und keine Kuh mehr in Lübars«, so Kühne. Das Dorf hat sich auf andere Vierbeiner eingestellt: Rund 250 Pferde werden hier in Pension gehalten. Vor acht Jahren zog sich Joachim Kühne aufs Altenteil zurück. Auf dem Kühneschen Hof führt jetzt Tochter Ute Regie.

Raubzüge, Kriege und die Pest, die 1348 auch in Lübars wütete, hat das Dorf überstanden. Doch Feuersbrünste machten oft nahezu den ganzen Ort dem Erdboden gleich. So wurde schon früh die Lübarser Schutzgemeinschaft gegen das Feuer gegründet, deren Tradition seit 1905 die Freiwillige Feuerwehr Lübars weiterführt. Sie hat sogar einen eigenen Ausrückebezirk. Ob es einen Unfall im Freizeit- und Erholungspark Lübars gibt oder ein Reiter vom Pferd gefallen ist: »Ein- bis zweimal am Tag müssen wir zum Einsatz«, erzählt Werner Kalies, Vorsitzender der Freiwilligen Feuerwehr.

Als ein Brandstifter in den 70er Jahren die Lübarser in Angst und Schrecken versetzte, organisierte die Feuerwehr Nachtwachen und Patrouillen. Zwar wurde der Feuerteufel nie geschnappt, die Wachsamkeit der Anwohner muß ihn aber entmutigt haben. Scheunenbrände hat es seither nicht mehr gegeben. »Die Feuerwehr schweißt die Dorfgemeinschaft zusammen«, so Kalies.

Noch vor drei Jahren waren sich die Feuerwehrmänner einig: »Frauen haben bei uns nichts zu suchen.« Erst als die Frauen im Dorf erfolgreich Protest gegen das geplante Aus für die Lübarser Wache organisierten, wurden die Männer weich. »Seit drei Jahren haben wir auch Feuerwehrfrauen. Eine echte Bereicherung«, muß Kalies heute zugeben.

Zwischen Feuerwache, Schule und Dorfkrug ist immer noch die Kirche Dorfmittelpunkt. Die Gottesdienste von Pfarrer Axel Luther – nach Meinung der Dorfbewohner respekteinflößend und warmherzig zugleich – sind immer gut besucht. »Die Leute im Dorf stehen füreinander ein. Jeder hilft jedem«, sagt Luther.

Glanz und Elend am Kottbusser Tor

Der Blumenverkäufer aus Ankara strahlt. Im U-Bahnhof Kottbusser Tor ist er Herr über ein Blütenmeer. Wie ein bunter Magnet im grauen Menschengetümmel wirkt sein unterirdischer Arbeitsplatz. Der Laden läuft, denn er bindet prächtige Sträuße am laufenden Band. Doch oben sieht die Welt anders aus.

Kottbusser Tor mitten in Kreuzberg. Laut, eng, schmutzig, lebendig: »Klein-Istanbul.« Nicht jedermanns Sache. Das »Neue Kreuzberger Zentrum« – kurz NKZ –, ein zehnstökkiges, halbkreisförmiges Hochhaus aus den 70er Jahren, das klotzig die Adalbertstraße überspannt – dominiert den

Platz und schafft sperrige Riegel, tote Winkel, dunkle Ecken. Auch die U-Bahn, die auf stählernen Stelzen den Platz kreuzt, verstellt den Blick. Das gesamte Rondell ist total verbaut.
Göbels meiden die Gegend so gut es gerade geht. Dabei wohnt die Familie kaum fünf Minuten Fußweg vom Kottbusser Tor entfernt am Fraenkelufer. Professor Göbel steigt lieber eine Station früher aus der U-Bahn, denn der »Kotti« ist nicht seine Welt. Dort stören ihn Dealer, Fixer und Polizei-Razzien. Die Drogen machen die Gegend kaputt, findet er. Das Ehepaar sorgt sich um den kleinen Sohn.
Manchmal genügt nur ein flüchtiger Blick, und man erkennt sie: Auch sehr junge Frauen sind unter den Süchtigen, die sich an den Bänken oder im Getümmel auf schwankenden Beinen halten. Erbarmungswürdig sehen die abgemagerten Gestalten aus, die zitternd auf die Boten mit den Heroin-Briefchen warten. Die Dealer bleiben dem Ortsunkundigen eher verborgen. Doch die Einheimischen wissen Bescheid: Man erkenne sie an ihren Handys. Das Geschäft laufe über Fahrrad-Kuriere.
Markthändler, die lautstark Obst und Grünzeug anpreisen, schaffen auf dem Platz türkische Basar-Atmosphäre. Sie müssen gegen das Dröhnen der U-Bahn und den Autolärm anschreien. Rund 250mal im Jahr kracht es im engen Kreisverkehr, auf den fünf Straßen zulaufen, darunter die berüchtigte »Skalitzer«, eine wichtige Ost-West-Achse.
Der Lärm stört den Obdachlosen nicht. Ingo strandete Anfang der 90er Jahre unter der Hochbahn und lebt dort seitdem in einem Schlafsack. Hunger leidet er nicht. Neben ihm liegen 20 gebratene Schnitzel und Schinkenröllchen in Aspik – eingeschweißt und mit abgelaufenem Verfallsdatum. Sie stammen aus dem nahen Supermarkt.

Der »Kotti« ist ungeliebtes Relikt der 60er Jahre, als großflächiger Abriß und Stadtautobahnen die Reißbretter der Westberliner Planer bestimmten. Das NKZ sollte ein lebendiger Bewohnertreff werden. Doch schon fünf Jahre nach der Fertigstellung 1974 begannen die Probleme durch Pfusch am Bau und chronischen Ladenleerstand. Eine Lösung gibt es bis heute nicht, sieht man einmal davon ab, daß Politiker 1998 den Abriß des NKZ forderten: Die sozialen Probleme und die Kriminalität seien nicht mehr in den Griff zu bekommen. Auch aus städtebaulicher Sicht sei ein Gebäude wie das NKZ nicht mehr zu vertreten.
Der BVG-Wachschutz hat den Drogenhandel inzwischen aus dem U-Bahnhof auf den Platz gejagt. Die Polizei-Razzien nehmen zu, doch auch sie verdrängen die dunklen Geschäfte nur auf die umliegenden Spielplätze oder den U-Bahnhof Schönleinstraße.
Wo sich Admiral- und Kohlfurther Straße kreuzen, erhebt sich ein ungewöhnliches Denkmal: Auf einer riesigen Stundenuhr stehen zwei Admiräle, auf den Sockelstufen sitzen fast lebensgroß in Bronze ein »Normalbewohner« und ein Punk mit wildem Irokesen-Haarschnitt. Die Bildhauerin Ludmilla Seefried-Matéjková hat hier der Kreuzberger Hausbesetzerbewegung Anfang der 80er Jahre ein Denkmal gesetzt. Die besetzten Häuser der Admiralstraße wurden nach einer Mustersanierung in den 80er Jahren Exponate der Internationalen Bauausstellung.
Dies waren Zeichen für die besondere Stellung des Bezirks vor dem Mauerfall: Kreuzberg galt als ein Synonym für alternative Lebensformen. Aber seit der Wende schwindet der Ruf. Soziales Elend wächst, Abwanderung setzt ein. Wie eine unsichtbare Grenze trennt die Kohlfurter Straße das kaputtsanierte Stadtviertel von der Vorzeigegegend am Landwehrkanal mit renovierten Häusern und

freundlichem Ambiente. Blickfang am Fraenkelufer: die eigenwillige Architektur der Häuser von Hinrich Baller. Die Göbels wohnen gerne am Fraenkelufer. Das sei eine Flaniergegend. Man lebe mitten in der Stadt im Grünen. Im Sommer fahren sie mit dem Fahrrad am Wasser entlang bis nach Treptow oder essen in einem der Restaurant-Schiffe im Urban-Hafen. Die Familie liebt Kreuzbergs internationales Flair. Sie besucht regelmäßig den Türken-Markt am Maybachufer und genießt im Sommer Multikulti-Konzerte im Böcklerpark. Doch je größer ihr Sohn wird, desto nachdenklicher werden die Göbels. Können sie ihrem Kind auf Dauer das soziale Elend zumuten? In der näheren Nachbarschaft werden sie es jedenfalls nicht einschulen lassen.

Einkaufsmeile im Dornröschenschlaf

Wenn sich die Wolken teilen und ein Sonnenstrahl über die Balkone im 18. Stock streicht, wissen die Bewohner, was sie an ihrem Wohnsitz schätzen: seine exponierte Lage. Aus 40 Meter Höhe sieht die Welt eben anders aus. Schulen, Spielplätze, Parkanlagen und weiter hinten der Fernsehturm des Alexanderplatzes – das ganze Panorama der Stadt. Tief unter den Balkonen windet sich wie eine Schlange im Häusermeer die Marzahner Promenade.
Das Wohnquartier rund um die Promenade liegt im Neubaugebiet Marzahns. Für den ortsunkundigen Besucher lohnt ein Besuch allemal. Denn es sind ausnahmslos Plat-

tenbau-Hochhäuser – eine reine Großsiedlung in ihrer ganzen ungeschminkten Erscheinung.
Die Promenade selbst entstand in den 80er Jahren, viel später als die Wohnhäuser. Als Kunst-, Kultur- und Einkaufsmeile geplant, sollte sie das triste Wohngebiet aufwerten, den Marzahnern ein attraktives Zentrum bieten. Anwohner erinnern sich noch an die Zeit, als die Promenade wirklich zu einem Anziehungspunkt für Marzahn wurde. Es gab viele Geschäfte, und die Menschen kamen aus anderen Marzahner Ecken, in denen nicht so viel los war, zum Einkaufen extra dorthin, zur quirligen Promenade.
Doch jetzt steht in der Ladenpassage zur Franz-Stenzer-Straße hin eine Reihe von Läden leer. Wer vormittags über die autofreie Promeniermeile läuft, wird inmitten eines Wohnquartiers für 3500 Menschen das Gefühl nicht los, allein zu sein. Dornröschen ist im Schönheitsschlaf versunken.
Hier brummt nichts mehr. Die Meile ist tot, so drastisch formulieren es Händler, die auf dem Markt am Marzahner Tor ihre Waren anbieten. Viele Gewerbetreibende haben aufgegeben, weil die Mieten mit 4000 bis 6000 Mark im Monat zu hoch und die Umsätze zu niedrig sind, klagen auch die Händler der Ladenpassage.
Große Einkaufszentren, wie etwa an der Märkischen Allee, ziehen Kunden ab, die Ladenflächen sind ungünstig geschnitten, meistens zu groß. Das störte HO und Konsum in der DDR nicht, weil dort Mieten keine Rolle spielten. Jetzt schon. Die Folge: Mit jedem Geschäft, das schließt, wird die Chance auf Wiederbelebung kleiner. Und das merkt auch der Passant, ein richtiger Einkaufsbummel ist eigentlich nicht mehr möglich.
Dennoch wohnt man laut Erhebung der Wohnungsbaugesellschaft gern an der Marzahner Promenade. »Leute

aus dem Westen können das nicht verstehen«, sagen die Mieter. Nicht wenige von ihnen zogen vor Jahren aus Altbauquartieren wie Prenzlauer Berg hierher. Keine Kohlen mehr schleppen, endlich dichte Fenster haben und warmes Wasser direkt aus der Leitung. Wohnen im Plattenbau, das hieß für viele: Raus aus dem maroden, gammeligen Altbau, dafür echter Wohnkomfort mit freiem Blick und guter Verkehrsanbindung. Allerdings sind heute viele der Häuser schon wieder arg sanierungsbedürftig.
Seit 1987 ist die als Marzahner Zentrum gedachte Anlage fertig. Die Baustruktur mit den mäanderartig angeordneten sechs- bis elfstöckigen und zurückgesetzten achtzehnstöckigen Punkthochhäusern zeigt, was möglich wäre. Große Vielfalt an Einkaufsmöglichkeiten im Erdgeschoßbereich, Warenhäuser am südlichen Ende sowie in der Mitte der Gebäudeschlange und schließlich das Freizeitforum am nördlichen Ende des 1,5 Kilometer langen Ensembles, dazwischen Märkte, Straßenleben, buntes Treiben. Doch davon ist Dornröschen weit entfernt. Die Wirklichkeit sieht öder aus. Sie ist gekennzeichnet von verpaßten Chancen und ungenutzten Potentialen.
Für Kinder und Jugendliche hingegen gibt es an der Marzahner Promenade viel zu erleben. Das Schülerfreizeitzentrum bietet täglich etwa 200 Kindern Kurse, Spielshows, Parties, Arbeitsgemeinschaften oder einfach nur einen Platz zum Klönen – einen Treffpunkt.
Auch am anderen Ende der Promenade, am Marzahner Tor, soll es durch ein Freizeitzentrum mit Multiplexkino, Bowlingbahnen und Disco wieder lebendiger werden. Doch die Anwohner sind skeptisch. Zu viele Investoren haben schon der Promenade den belebenden Kuß versprochen und sich dann verschämt zurückgezogen.
Und dabei gibt es sogar kleine Schmuckstücke, etwa die

Galerie M. Lichtdurchflutet braucht sie einen Vergleich mit städtischen Kunsthallen nicht zu scheuen. Anke Hilbrig vom Stadtforum Plattform Marzahn bringt die Bürgerwünsche auf den Punkt: »Zum Einkaufserlebnis fehlen Cafés, Boutiquen, Gemüse- und Fischhändler, kleine Geschenkeläden. Eben das, was einen Einkaufsbummel attraktiv macht.« Es gibt natürlich eine Reihe durchaus guter Geschäfte. Aber ihnen fehlt ein Konzept mit Branchenmix. Die Lücken zwischen den Häusern müßten bebaut werden, eine einheitliche Ladenfront entstehen. Um das Gebiet aufzuwerten, will die Wohnungsbaugesellschaft Marzahn mit einem frischen Konzept einen neuen Anlauf versuchen. Denn hundert Jahre Dornröschenschlaf wie im Märchen der Brüder Grimm, das möchte an der Marzahner Promenade niemand.

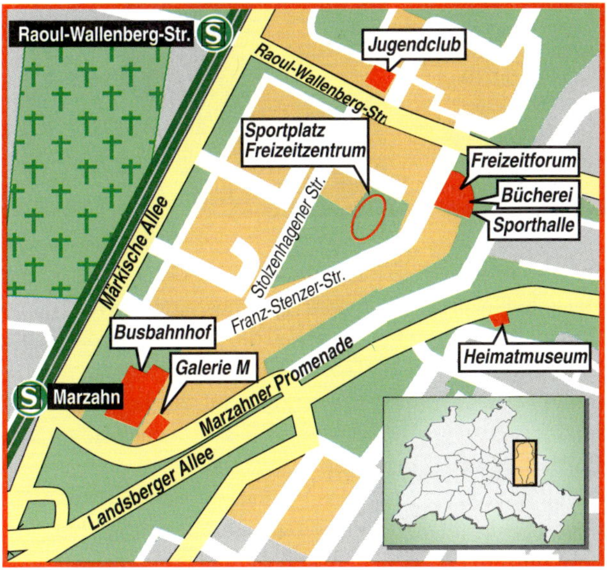

Schnelle Pferde, große Hüte, klingelnde Kassen

Ach, du meine Güte – schwarze Katze! Der erschrockene Besucher murmelt ein paar Beschwörungsformeln. Ein Glück, die Samtpfote trottet brav davon. Das tun die Rennbahn-Katzen meistens, so, als ahnten sie, was sie anrichten könnten. Denn fast jeder, der auf die Trabrennbahn am Mariendorfer Damm kommt, leidet an einer gehörigen Portion Aberglauben. Eine schwarze Katze mit falschem Trend könnte da schon das Vertrauen ins Glück nehmen, bevor der Spaß am Wetten überhaupt begonnen hat.
Und nur um den geht's. »Reich wirste hier nich«, das weiß

auch der ausgekochteste Rennhase. Der Riesengewinn eines Mannes, der 1991 für zehn Mark sage und schreibe 780 000 Mark abschleppte und nie wieder gesehen wurde, gehört noch heute zu den sensationellen Ausnahmen. Ebenso wie die Dotierung des Hindenburg-Pokals von 1923. Sie war 13stellig und betrug über sieben Billionen Mark. Eine gewaltige Summe, aber nichts dahinter – es war Inflation. Für die meisten gilt das Motto: Mal ein paar Mark riskieren und dazu das Kribbeln im Bauch, wenn die Pferde zu den Klängen der Amboß-Polka losrennen. Das hat Atmosphäre, das können einem Lotto, Toto und Lotterien nicht geben. »Life ist live«, sagen sie alle, die abgerissenen Zokker, die eigentlich nur noch zum Gucken kommen, weil im Portemonnaie Ebbe herrscht, die Glücksritter, denen die »Renne« den Skat-Stammtisch ersetzt, das Rentnerpaar, das mal schnell auf einen »Kleinen Einlauf« 2,50 Mark setzt, oder die Familien, die sonntags mit Mann und Maus frische Luft mit Action genießen.
Die Kinder jubeln, wenn sie auf der Koppel einen Pferdehals klopfen können, Mutter freut sich, daß die Grillwurst ihr das Kochen erspart, und Vater zischt seine Molle, während er mit den Tischnachbarn fachsimpelt. Klar, Ahnung haben sie alle, jeder kennt den tollsten Hengst, die lahmste Stute, den flottesten Fahrer – nur eins kennen sie alle nicht: das Rezept zum Abkassieren. Nicht der Malermeister Horst Schollmeyer, dem der Hengst Cryoso gehört, das über Jahre erfolgreichste Pferd in Mariendorf, sozusagen der todsichere Tip. Nur: »Der Favorit bringt oft niedrige Quoten – auch nicht der wahre Jakob«, stöhnt sein Besitzer.
Das wahre Vergnügen haben dagegen zwei tiervernarrte Teenager, die als Schulpraktikantinnen in den Ställen arbeiten. Dort müssen sie ausmisten, fegen, sprengen, Pferde duschen, Fell striegeln und Geschirre pflegen.

Beifall in der Kulisse bekommen nicht nur die Berufsfahrer, deren Namen auch den Nicht-Experten ein Begriff sind. Viele Amateure nutzen die Rennbahn zum Ausgleichssport und sind erfolgreich, wie z. B. Apotheker Dr. Bernd Geister, der mit Wallach »Bromberg« eine glückliche Freizeit-»Ehe« führt.

Überhaupt sind die Damen im Vormarsch auf der einst vollkommen von Männern beherrschten Rennbahn-Domäne. Als Mariendorf 1913 von einem Hohenzollernprinzen eröffnet wurde und Zehntausende herbeiströmten, um dem dreifachen Champion Charlie Mills zuzujubeln, war an eine Frau auf der Bahn nicht zu denken, und im Zuschauerrund dominierten die Zylinder gegenüber den reich dekorierten Hüten.

Später eroberten dann auch die Damen das Terrain, und die »Wagenräder«, unerläßliches Attribut der schicken Rennbahn-Besucherin, konnten gar nicht groß genug sein. Doch sie geraten allmählich aus der Mode. Sehr zum Kummer von Dorothea Pusch. Die Wilmersdorferin, die stets in elegantem Outfit mit Riesenhut am Geläuf ihren Platz bei einem Fläschchen Sekt bezieht, ist seit über 30 Jahren Stammgast. »Die Leute machen nichts mehr aus sich«, bedauert sie.

Mehr schicke Leute sieht man dagegen ganz sicher beim regelmäßig im August stattfindenden Deutschen Derby oder beim Buddenbrook-Rennen. Schmucke Uniformen belebten das Bild, als die US-Soldaten zum Deutsch-Amerikanischen Freundschaftstag kamen. Diese Tradition pflegen heute Bundeswehr und Botschaftspersonal weiter.

Egal, um welche Pokale und Preise es geht, »die Stimmung ist immer bombig«, sagt der Vorsitzende des Trabrennbahnvereins. Dabei ist ihm nicht immer zum Lachen zumute. Der Verein steckt tief in den roten Zahlen. Von den rund 32 Mio. Mark Umsatz im Jahr gehen etwa 42 Mio. weg für Gewinne, außerdem 6 Mio. für Rennpreise, dazu kommen allgemeine Kosten, und vom einstigen Besucherandrang ist schon keine Rede mehr.

Hilfe in der Not ist der Bau eines Nobel-Seniorenwohnsitzes an der Kruckenbergstraße. Der Verkauf des Grundstücks erbrachte immerhin 14 Mio. Mark. Protest und Unterschriftensammlung der Nachbarn, die die Schönheit der Anlage auch weiterhin vom Balkon aus genießen wollten, waren vergebens. Bezirksamt und Bezirksparlament befürworteten das Projekt.

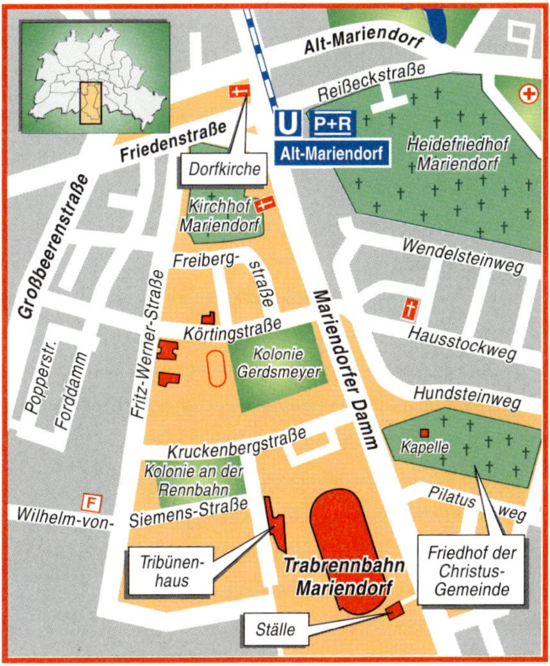

Südliches Lebensgefühl am »Stutti«: »Der Rotlicht-Kiez ist schick geworden«

Eben wollte einem die beleibte ältere Dame noch leid tun. Tief gebückt und schwer bepackt quält sie sich über den Stuttgarter Platz. Doch plötzlich schimpft sie wie ein Hafenarbeiter aus Odessa und drängelt sich mit der Hartnäckigkeit eines russischen Eishockeyspielers über den vollgestellten Bürgersteig. Ein junger Mann mit Tätowierungen auf den beachtlichen Oberarmen war ihr im Gedränge zwischen riesigen Warenpaletten in die Quere gekommen. Ängstlich und kleinlaut entschuldigt er sich auf russisch. Osteuropa, so scheint es, beginnt am »Stutti«.
Zwischen dem Bahnhof Charlottenburg und der Wilmers-

dorfer Straße herrscht ständiges Kommen und Gehen. Einkaufstouristen in Bussen kommen an der Kaiser-Friedrich-Straße an und fahren hoffnungslos überladen wieder ab. Müllberge bleiben nach Geschäftsschluß zurück. Aufwendige Schaufensterdekorationen oder Blumenkübel gibt es nicht. Der Stuttgarter Platz, der eigentlich eine Straße ist, zeigt sein ungeschminktes Gesicht. Als »Schmuddelecke« Charlottenburgs verrufen, hat der unprätentiöse Platz seinen eigenen Charme.

Es ist zeitiger Nachmittag. An der Ecke Kaiser-Friedrich-Straße langweilen sich die Damen von der Sex-Kino-Bar »Starfight«. Der Stutti ist noch immer ein klassisches Rotlicht-Viertel. Doch zu so früher Stunde verirren sich kaum Gäste in die Etablissements. Da bleibt auch für die Mädchen Zeit, mal vor die Tür zu schauen. Vielleicht läßt sich ein Passant von ihren langen Beinen in die dunkle Bar locken. Am Abend füllt sich die Bar. Vielleicht wird zu später Stunde das Geheimnis gelüftet, ob es sich bei den asiatischen Schönheiten tatsächlich um Damen handelt.

Auf der anderen Seite der Windscheidstraße ändert sich die Szenerie. An der Ecke Leonhardtstraße glaubt man sich in südliche Gefilde versetzt. Mediterranes Flair des »Savoir-vivre« bestimmt den Stadtplatz. Von morgens bis abends herrscht in den Cafés Hochbetrieb.

Wie einst die Existentialisten in den legendären Pariser Straßencafés finden sich im Café Lentz Gäste mit Brille und Drei-Tage-Bart ein, um selbstversunken ein Glas Rotwein zu trinken und in ein Büchlein zu schreiben. Am Nachbartisch liest eine Dame mit henna-roten Haaren und schwarzen Fingernägeln Hölderlin.

Das gediegene Quartier zwischen Windscheidstraße und Lietzensee ist fest in den Händen der »Jebildeten« und Kreativen: Architekten, Anwälte, Werbeagenturen, Inge-

nieure und Künstler haben hier ihr Domizil. Im Zeitungskiosk von Ursula und Barbara am Amtsgericht werden auch Magazine wie »American Science«, das »Museums-Journal« und »ballett international« feilgeboten – und finden Absatz.
Der alte Kiez ist schick geworden. Wo vor wenigen Jahren noch ein Kohlenhändler, eine kleine Wäscherei oder eine Drogerie mit der Patina der 40er Jahre ihre Dienste anboten, sind durchgestylte Büros und Cafés eingezogen. »Trotzdem ist der Kiez kein Yuppie-Viertel. Alt-68er und junge Familien, Exzentriker und schräge Typen leben in einträchtiger Nachbarschaft«, erzählt Katharina Sigwart. Seit fünf Jahren hat die Hutmacherin ihre Werkstatt an der Windscheidstraße. Vom eleganten Federhütchen zum Abendkleid und klassischen Borsalino für den Herrn – die Meisterin ist ein Geheimtip für Modebewußte.
Auch Pino Puglisi, der seit elf Jahren die »Salumeria«, ein italienisches Feinkostgeschäft, betreibt, gehört zum Kiez. Für italophile Kiezbewohner ist der Besuch bei ihm ein Ritual. Mit einem freundlichen »buon giorno, Signora« und dezent angedeutetem Handkuß begrüßt er die Stammkundinnen. Diese kaufen nicht einfach ein. Der Duft von frischem Basilikum, Geräuchertem und Eingelegtem verführt zum Probieren. Und bei einem Gläschen Pino negro wird über das richtige Alter von Ziegenkäse oder Chianti debattiert.
Wer vom Straßenpflaster genug hat, braucht nicht weit zu gehen: Hinter der Suarezstraße beginnt der Lietzenseepark. Eine Oase der Ruhe. Im Schatten großer Trauerweiden lassen sich alte und junge Charlottenburger zum Lesen, Träumen oder zum Picknick nieder.
Von den Straßencafés im Osten bis zum Seeufer im Westen – eine Aura der Muße bestimmt die Atmosphäre. »Muß

denn hier niemand arbeiten?« mögen sich zufällige Besucher fragen. »Doch, doch«, stellt ein junger Mann klar, der sich am Kuno-Fischer-Platz sonnt. Demonstrativ zieht er einen Laptop aus der Aktentasche – und steckt ihn schmunzelnd wieder ein.

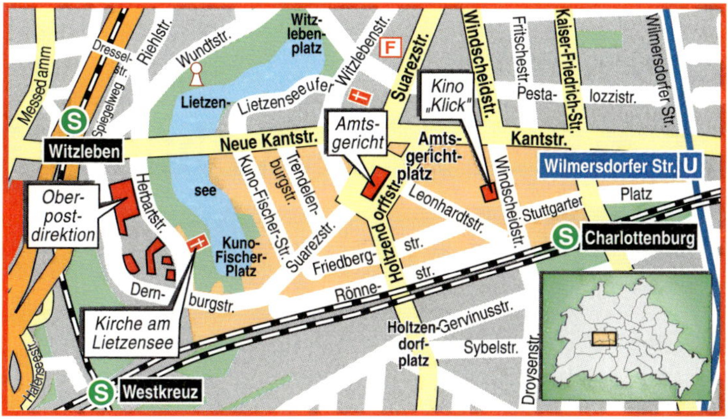

Eine Hand voll Dörfler, »Aalekens« und Fischer ohne Angelschein

Mindestens dreimal in der Woche wirft Karlheinz Seiler am Möllentordamm im Kolk die Angel aus. Eigentlich ist er Nebenerwerbsfischer und bearbeitet Korb- und Ballreusen nach althergebrachter Sitte auf der Oberhavel. Doch immer wieder legt er auch den Haken aus, während der übrige Fang auf dem Grundstück seines Freundes im Räucherofen hängt.
Während Seiler darauf wartet, daß einer beißt, schweift sein Auge von der Pose auf die Spandauer Zitadelle und

die Schleuse. Ein Fisch zupft am Köder, ein Ruck und die Plötze zappelt im alten Fischerboot, das am Steg vor dem Grundstück Möllentordamm 9 festgemacht ist. »Die ist zu groß«, meint Seiler und gibt ihr die Freiheit wieder. Denn er weiß: »Am besten schmecken die Schuppentiere, wenn sie jung sind.«

Aus dem alten Räucherofen auf der Parzelle am Möllentordamm im Kolk dringt würziger Rauch von Buchenholz. Aalekens hängen dort drin. Auch da ist es wie bei allen Fischen: Jung müssen sie sein. Ein archaisches Bild. Kolk und Behnitz gehören zu Spandaus ältesten Teilen und die »Dämmer«, wie sie genannt werden, gehen heute wie vor 1000 Jahren dem Gewerbe Petris nach. Damals siedelten am Zusammenfluß von Spree und Havel die Slawen.

Seit 1590 gehört das Grundstück am Möllentordamm 9 ein und derselben Familie. Der Eigentümer, ein Bauingenieur im Ruhestand, sitzt in seiner Veranda am Havelufer und schlürft dampfenden Kaffee. Die Petri-Jünger dürfen von seinem Grundstück aus die Angel ins Wasser werfen sowie den alten Räucherofen benutzen. Sinnierend blickt der 73jährige zur Schleuse hinüber. »Jetzt wollen die auch noch das alte Bauwerk abreißen und uns einen Koloß vor die Nase setzen«, schimpft er.

1560 setzte Kurfürst Joachim II. die »Kiezer«, die ihr Dorf neben der nördlichen Spandauer Burg auf dem Gelände der heutigen Zitadelle hatten, wegen des Baus der Festung auf den »Damm« nördlich des heutigen Möllentordamms um. Fünf Fischerfamilien und ein Koch fanden dort eine neue Heimstatt. Die übrigen Bewohner des Dorfes erhielten im Bereich der südlichen Burg, am heutigen Burgwall, neue Grundstücke.

Die »Dämmer« wurden vom Kurfürsten mit der »Fischereigerechtigkeit« ausgestattet. Das bedeutete und bedeutet bis heute, daß sie für den Eigenbedarf so viele Fische fangen dürfen, wie sie wollen. Hunger brauchten die »Dämmer« also nie zu leiden.

Im Gegenzug waren sie verpflichtet, den Zitadellengraben im Winter eisfrei zu halten – das Eis kam in die kurfürstlichen Keller zum Kühlen der Vorräte – und von Zeit zu Zeit die hohen Herrschaften über das Wasser zu staken. Die Rechte der »Dämmer« wurden erst 1951 vom Spandauer Amtsgericht bestätigt. So benötigen die Grundstückseigentümer zum Beispiel zum Fischfang keinen Angelschein. Und wird in ihre Rechte eingegriffen, muß der Staat eine Ablösesumme zahlen – wie zum Beispiel 1908, als die »Dämmer« bei der Schleusenerweiterung 126 000 Goldmark erhielten. Das alte Dorf wurde 1813 im Zuge der Kämpfe um die Zitadelle, in der sich die Franzosen verschanzt hatten, zerstört.

Ruhe und Abgeschiedenheit im Schatten der Zitadelle, im Süden begrenzt durch die sechsspurige, stark befahrene Straße Am Juliusturm: Das sind Kolk und Behnitz. Beides bedeutet dasselbe, einmal auf deutsch, einmal auf slawisch: »eine Ausbuchtung im Wasser«. Einst trennte der »Alte Deutsche Rhein«, ein Havelarm, das Dorf von der heutigen Altstadt. 1911 wurde das Gewässer zugeschüttet.

Kinder turnen vormittags auf dem Spielplatz vor der Marienkirche. Ansonsten bleibt es bis zum Nachmittag still. Die dicken Eingangstüren der Wohnhäuser, die um die Jahrhundertwende entstanden, sind verschlossen. Dazwischen stehen kleine, noch ältere Fachwerkhäuser. Eins, 1668 erbaut, beherbergt Spandaus älteste Gaststätte. Sie wurde dort in der zweiten Hälfte des 19. Jahrhunderts eingerichtet. Die »Alte Kalkscheune« war die Stammkneipe der 3. Batterie des 1. Garde-Fuß-Artillerie-Regiments, das auf der Zitadelle stationiert war. Historie ist im Lokal alles.

So kühlt der Wirt das Bier in der alten Zapfanlage noch mit Eis.
»Früher war hier mehr los. Aber die Alteingesessenen leben nicht mehr«, bedauert Dieter Zint hinterm Zapfhahn. Er kann so manch einen Schwank aus vergangenen Zeiten erzählen, wie zum Beispiel über bekanntere Persönlichkeiten, die nach einem Besuch der Gaststätte nicht immer gleich den Weg ins heimische Bett fanden. Da lohnt es, als Gast schon einmal die Ohren zu spitzen. Doch dererlei Momente sind rar. Man lebt halt lieber unter sich im Kiez. Trotz aller Beschaulichkeit: zur Hausbesetzerzeit Anfang der 80er Jahre ging es ausnahmsweise für kurze Zeit einmal hoch her. Jugendliche aus den wohlbehüteten Elternhäusern entdeckten Leerstand in einem Mietshaus an der Ecke Behnitz/Kolk. Die Gymnasiasten vertauschten für kurze Zeit ihre Kinderzimmer mit einem Matratzenlager in dem Sanierungsgebäude.
Auch ein leerstehendes Haus am Möllentordamm war nach Unterrichtsende beliebter Treffpunkt. Über die Dächer des Blocks kommunizierten die Jugendlichen nachts miteinander. Der »Spuk« für die Anwohner fand dann auf typisch Spandauer Art ein Ende: Der Polizei-Direktionsleiter und der Baustadtrat konnten die Aufmüpfigen in konzertierter Aktion dazu bewegen, wieder brav in ihren wohlbeheizten Kinderzimmern in Gatow und Kladow zu nächtigen.
Doch das ist Schnee von gestern. Die Sanierung des Viertels ist abgeschlossen. Das letzte Objekt, das nach langem Hick-Hack zwischen Denkmalbehörde, Sanierungsverwaltungsstelle sowie den Interessen der Hauseigentümer im Behnitz in neuem Glanz erstrahlt, ist das »Spandower Zollhaus« am Möllentordamm. Unter dem Motto »gute deutsche Küche« treffen sich hier auch die jüngeren Be-

wohner des Behnitz zum Plausch nach der Arbeit. Das persönliche Schicksal des Nachbarn wird hier genauso besprochen, wie der Feuerwehreinsatz um die Ecke.
Obwohl nicht mehr direkt zum Behnitz gehörend, steht an der Neuendorfer 1 das »Brauhaus« als beliebter Treffpunkt. Da fließt die »kühle Blonde« direkt ins Glas.
Doch nicht nur Gaststätten hat der Behnitz zu bieten. In einem verwunschenen Fachwerkhaus am Kolk 4 residiert Uhrmachermeister Jürgen Walter. »Bitte klingeln« steht an der Tür. Der Meister öffnet. Seit fünf Jahren betreibt er seinen Laden mit Werkstatt. »Ich repariere alles, von der Sand- bis zur Funkuhr.« Sein Kiez ist Walter ans Herz gewachsen, und er hat noch keine Sekunde dort bereut: »Ich möchte hier nicht mehr raus. Ich liebe die dörfliche Atmosphäre.«
Noch immer ist das ehemalige Fischerdorf ein Geheimtip. Selten verirren sich Auswärtige auf das romantische Fleckchen. Die Kiezer nehmen's gelassen.

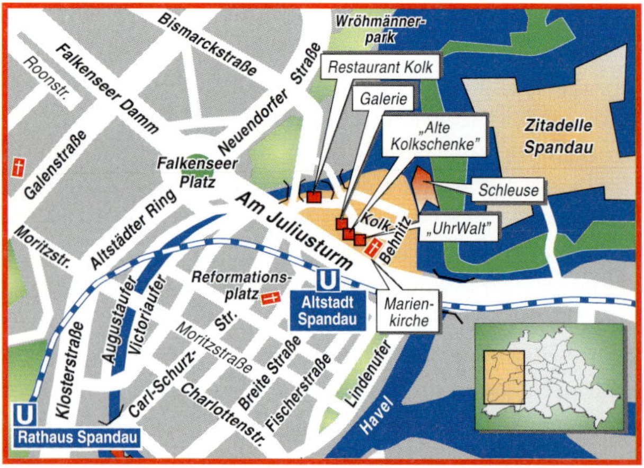

Von Aufmüpfigen, Abzockern, Alkis und Armleuchtern

Irgendein Nachtschwärmer hat der Christus-Figur vor der Gethsemane-Kirche einen Bierseidel an den Arm gehängt. Sozialarbeiterin Beate Brennecke, auf dem Weg ins Projekt, bleibt kopfschüttelnd stehen, steigt dann auf den Sockel und entfernt das corpus delicti. Wenigstens den Herrn Jesus könnte man doch in Ruhe lassen!

Doch ihr Unmut fällt milde aus. Seit sie im »Schneckenhaus«, einem Sozialprojekt der Gethsemane-Gemeinde im Prenzlauer Berg, Sozialarbeit verrichtet, weiß sie, daß es

Schlimmeres gibt. Sie betreut Arbeitslose, aber auch Alkoholiker und Drogenkonsumenten. Da hat die junge Frau Sorgen genug. Und auch der sakrale Bau hat schon größere Stürme erlebt als die respektlose Annäherung eines Alkis. Im Herbst 1989, als das Gotteshaus Treffpunkt des DDR-Überdrusses war, fuhren Polizei und Wasserwerfer vor dieser »Kirche der Revolution« auf, um die Revolution zu verhindern. Was, wie man weiß, gründlich mißlang.

Revolutionär ist der Kiez am Helmholtzplatz im Prenzlauer Berg nicht mehr, aufmüpfig schon. Seine Bewohner sind eine besondere Spezies. Nicht einmal zu DDR-Zeiten, als das Bier 51 Pfennige kostete, Kinderreichtum vom Staat bezahlt wurde und jeder Arbeit hatte, war der Prenzlauer Berg ein soziales Paradies. Hier fanden Ausgegrenzte und Gescheiterte Unterschlupf, hier herrschte ein flächendeckendes Wohnungsproblem, und wenn es irgendwo im DDR-Berlin »arme Leute« gab, dann hier.

Aber am Helmholtzplatz sammelten sich wie an ein paar anderen Orten von Prenzlauer Berg auch die Oppositionellen, die intellektuellen Quertreiber und nonkonformistischen Künstler. Leute, die ihr eigenes Ding machen wollten, fernab von Blauhemd und Kollektiv der sozialistischen Arbeit. Und so gedieh im Gemisch mit kieztreuen, soliden Familien eine vitale soziale Struktur.

Als nach der Wende Makler und Bauunternehmer die einst prächtigen, später durch Kriegsschäden und zuletzt DDR-Bausünden verkommenen Jugendstilhäuser durchstreiften und in ihrem Sog auch Immobilienhaie und Abzocker bis in die vierten Hinterhöfe vordrangen, wuchs in den maroden Gemäuern zwar Angst, aber auch Widerstand.

Widerstand gegen Luxussanierung, Extrem-Mieten und Vertreibung. »Wir brauchen keinen Prunk«, verkündete

Elfriede Maria Jakob das Bedürfnis sehr vieler Anwohner. Die Rentnerin ist mit ihrer Energie und ihrem Mundwerk fast eine Kiez-Berühmtheit. Als in ihrem Haus in der Göhrener Straße 13 ein neuer Hausbesitzer aufkreuzte, hat die agile Frau mit der Kittelschürze die Mieter zusammengetrommelt und ihnen mit deftigen Worten Mut gemacht, nicht zu kuschen und für das zu kämpfen, was sie wollen: bezahlbare Wohnungen, verträgliche Mieten und damit die Chance, in ihrem geliebten Kiez zu bleiben.

Couragiert sind sie vor den neuen Eigentümer getreten und haben Mitspracherecht bei der Sanierung gefordert. Es war kein Kennenlernen, bei dem nur Artigkeiten ausgetauscht wurden. Aber aus spröden Kontakten wuchsen Akzeptanz und die Bereitschaft, gemeinsam nach Lösungen zu suchen. Wer der teuren Etagenheizung nicht zustimmte oder dem bis zur Decke gefliesten Bad, dem wurden sie auch nicht aufgezwungen. »Unsere Wünsche werden berücksichtigt«, sagt Frau Jakob zufrieden. »Niemand mußte wegziehen.«

Aber es gibt wohl auch andere Vermieter im Kiez. Rings um den Helmholtzplatz, wo nach der Wende um fast jedes zweite Haus Besitzansprüche tobten, kursieren Horrorgeschichten über rigorose Hauseigentümer. In der Schliemannstraße hätte eine Mieterin nach dem Urlaub nur noch ein entmietetes Geisterhaus vorgefunden. Und in der Dunckerstraße soll ein Besitzer störrischen Familien 15 000 Mark geboten haben, wenn sie binnen vier Wochen das Feld räumen und der Luxussanierung Platz machen.

Im Kiez-Laden in der Dunckerstraße laufen solche Nachrichten zusammen und viele Hilferufe. Auch bei Elfriede Maria Jakob, die manche die Mutter Teresa des Helmholtzplatzes nennen. Sie tritt ein für die Leute, »von denen die meisten zwar nicht viel besitzen, sich aber noch grüßen, achten und helfen wie anderswo leider nicht mehr«. Und sie will sich nicht von der Vision trennen, daß sie alle in Harmonie leben können und sich brauchen: »Berufstätige und Rentner, Sozialfälle und Sozialarbeiter, Arbeitslose und Besserverdiener, Hausbesitzer und Hausbesetzer.«

Aber sie sieht auch, daß das Bild Risse bekommen hat. Der kleine Trödel-Laden in der Stargarder Straße merkt es auf ziemlich simple Weise: »Wir könnten ankaufen, ankaufen. Viel mehr, als unsere Kasse hergibt«, sagt der Mann zwischen Büchern, Hausrat und CDs. »Die Leute nehmen ja nicht jeden Krempel mit, wenn sie wegziehen.«

Und wer herzieht, in die Dachgeschosse der traumhaft restaurierten Häuser, der richtet sich neu und teuer ein. Yuppies sind dabei, Freiberufler, Gutverdiener. Nicht nur Alteingesessene sehen es mit Argwohn. Auch mancher Neuzugang, den die Kiez-Atmosphäre lockte und nicht das um sich greifende Schickimicki, spricht von »zugezogenen Ar ... Armleuchtern«.

Ein hartes Wort der Textildesignerin Susi Fey, die 1990 von Neukölln Prenzlauer Berg gekommen ist und gegenüber der Gethsemane-Kirche einen Kleiderladen aufgemacht hat mit Färberei, Schneiderei und Schnitt-Werkstatt. »Ich bin hier, weil ich mit den Leuten besser kann als mit Westlern. Sie sind wärmer und offener. Leider haben sie sich schon anstecken lassen von Dingen, die ich aus dem Westen kenne.«

Und so dachte sie bald schon wieder ans Weggehen. Aber wird sie woanders finden, was sie im Prenzlauer Berg trotz aller Veränderung noch umgibt? Nachbarn, die aus ihrem tristen Küchenfenster eine Oase machen. Kneipengäste, die auch für Fremde auf einer überbesetzten Bank unter freiem Himmel zusammenrücken. Autofahrer, die sich auf einer verstopften Kreuzung nicht anbrüllen, sondern mit Handzeichen und Kopfnicken verständigen. Und Bierselige, die einer Kirchenfigur nichts Übleres tun, als ihr einen geleerten Krug an die Hand zu hängen.

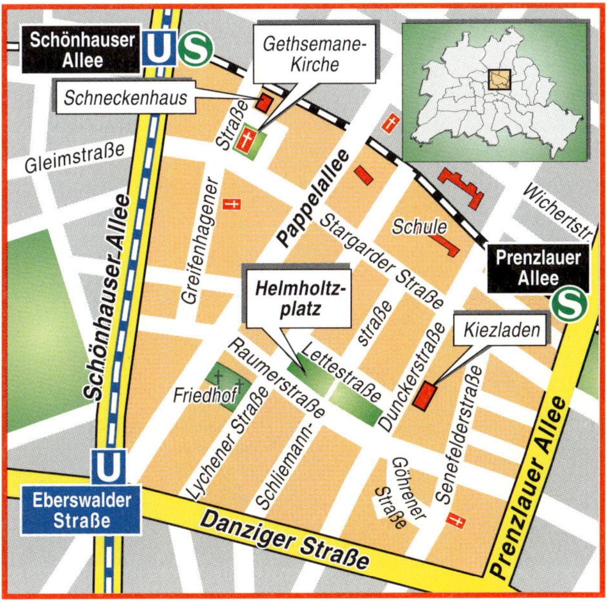

Wo Flatterbinsen wachsen und Bäume Paßbilder haben

Die Wintersonne wirft helle Flecken auf den Rasen. Obwohl der Autolärm von der Suermondtstraße laut hereindringt, ist der Specht gut zu hören, der auf der Baumrinde hämmert.

Unter hohen Kiefern, fast verborgen zwischen Büschen und Bäumen, ducken sich zwei braungestrichene Holzhütten. »Lagerleitung« steht auf einem vergilbten Türschild und erinnert an frühere Zeiten. Hier, an der Südgrenze des Naturschutzgebietes Fauler See, tummelten sich einst

Kinder in einem DDR-Ferienlager. Jetzt lernen in der Naturschutzstation »Das Nest« Schulklassen und Kitagruppen den behutsamen Umgang mit der Natur.
»Wir müssen leise sein, damit wir die Tiere nicht erschrekken.« Der fünfjährige Tobias Wittmann und die anderen acht Naturkinder aus der Kita Falkenberger Straße starten vom »Nest« aus zu ihren Wanderungen um den Faulen See. Hier beobachten sie Regenwurm und Eichkater oder zeichnen auf Papier die Struktur der Baumrinde nach: »Paßbild eines Baumes« nennen sie das.
Die 25 Hektar große Oase an Suermondt- und Hansastraße in Weißensee ist mit den angrenzenden Sportstätten die einzige Freizeitattraktion im Kiez. Von Einkaufsbummel, Cafés oder Szenekultur keine Spur. Die Geschäfte sind an einer Hand abzuzählen. Monika Franck wohnt seit 1973 in der Buschallee: »Kultur hat hier immer gefehlt. Seit das Wirtshaus am Orankesee geschlossen wurde, ist nichts mehr los.«
Margot Schultze nimmt den Weg durchs Naturschutzgebiet, wenn sie morgens zum Bäcker an der Suermondtstraße geht. Sie kennt den Kiez seit 1963: »Mein Sohn hat noch im Roggenfeld an der Falkenberger Chaussee gespielt. Hier wurden auch Kartoffeln angebaut. Nach zwanzig Minuten Fußweg kam man zu den Rieselfeldern. Wie am Ende der Welt.«
In den siebziger Jahren mußte die Idylle den Neubauten von Hohenschönhausen weichen. Sie brachten gute Verkehrsanbindung, aber auch Lärm von der vielbefahrenen Buschallee. Doch die Tautschen Dreigeschosser sind von 1992 bis 1995 außen saniert, ihre Loggien verglast worden. So bleiben Dreck und Lärm draußen.
Das Naturschutzgebiet Fauler See gleich um die Ecke bietet immer noch Landschaft pur. Täglich treffen sich hier

Jogger, Hundebesitzer, Radler, verliebte Pärchen, spazierende Rentner und kinderwagenschiebende Eltern aus Weißensee und Hohenschönhausen.
Sie genießen die Natur. Aber die schweren Schritte der Freizeitsportler, das fröhliche Geschwätz der Seniorengruppen, die freilaufenden Hunde und fixen Radler beunruhigen die Bodenbrüter. Deshalb hat die Senatsverwaltung für Stadtentwicklung 1994 einen Entwicklungsplan für das Naturschutzgebiet aufgestellt. Der sieht vor, daß die Pflanzen- und Tierwelt am Faulen See weniger gestört wird. So wurden die ufernahen Wege bereits beseitigt. Seit 1996 sind sie mit Reisighaufen und Gestrüpp versperrt. »Handläufer« zeigen, wo es jetzt langgeht. Daß es am Ufer Schwarzerlenbusch, Flatterbinse und Teichrohrsänger gibt, kann man nur noch nachlesen – bei Walter Püschel in den »Spaziergängen durch Weißensee« oder in den »Weißenseer Heften«. In natura beobachten kann man sie kaum. Die hölzerne Aussichtsplattform am Südostufer ist heute der einzige Punkt, der einen direkten Blick auf den See erlaubt.
Helmut Schneider vom Naturschutz- und Grünflächenamt hält einen Kompromiß zwischen Naturschutz und Naherholung für möglich: »Wir wollen die Ge- und Verbote im Naturschutzgebiet bürgerfreundlich publik machen. Präsent sein und mit den Menschen reden, das ist wichtig.«
Kein Kompromiß fand sich für eine andere Besonderheit im Kiez: das Kinderkrankenhaus an der Hansastraße. Die Klinik, die 1911 als erste preußische Kinder- und Säuglingsklinik mit Musterkuhstall und Milchkuranstalt entstanden war und 85 Jahre lang die kranken Kinder aus dem Nordosten Berlins versorgt hatte, entließ am 20. Dezember 1996 ihren letzten kleinen Patienten. »Fehlende Rentabilität« führte zur Schließung.

Für die Bewohner der Umgebung ein großer Verlust. »Tag und Nacht konnte man dorthin kommen und wurde freundlich aufgenommen«, erinnert sich ein älterer Herr, der täglich seinen Pudel am See ausführt. »Meine Kinder waren alle da.«
Noch 1985 hieß es zur Grundsteinlegung für das neue Bettenhaus: »Die beste Prophylaxe ist der Sozialismus.« Ärztliche Leiterin der Klinik war von 1971 bis 1988 Medizinalrätin Dr. Ruth Radványi. Fünf politische Zeiten habe die Klinik von 1911 bis 1996 erlebt, schrieb die Tochter von Anna Seghers auf die letzte Seite des Klinik-Gästebuchs. Mehr als ein Jahr nach der Schließung war die Zukunft des Hauses noch immer ungewiß.

»Unter vier Uzos kommt hier keiner raus«

»Mama, schmeiß mal 'ne Banane runter«, schreit eine Rotznase vom Stephanplatz nach oben. »Is viertel eins. Jibt gleich mittach«, schallt es als Antwort aus dem ersten Stock. In Tiergartens altem Arbeiterkiez scheint »Zille sein Milljöh« noch lebendig. Und es steht sogar unter amtlichem Schutz. Bezirk und Entwicklungsträger S. T. E. R. N. setzten 1990 hier die »Erhaltungs- und Milieuschutzverordnung« durch. Mit Fördergeldern wurden die maroden Mietskasernen saniert. Die Mieten in den Gründerzeit-Häusern blieben vergleichsweise niedrig.

Stephanstraße, morgens um sechs Uhr. Blasse Gestalten blinzeln ins erste Sonnenlicht. Mit der Aktentasche unterm Arm, aus der eine Thermoskanne ragt, sind sie auf dem Weg zur Arbeit. Andere kommen aus dem »blue night«. In dem Nachtcafé, das erst auf Klingeln öffnet, ist noch Betrieb. Nachtschwärmer trinken ein Hanfbier, die Spezialität des Hauses, und wagen sich gegen halb acht Uhr endlich ans Tageslicht. Wer noch Mumm hat oder dringend eine Stärkung braucht, kehrt zu einem kräftigen Frühstück im »Dicken Engel« an der Birkenstraße ein.

Vormittags ist der Stephanplatz fest in Händen von Müttern mit ihren Kleinkindern. Manche kommen fast täglich. Während die Kleinen toben, sitzen die Frauen auf den Bänken, stricken oder häkeln und tauschen Neuigkeiten aus.

Gegen elf ist auch am Kiosk gegenüber der Ecke Salzwedeler Straße Hochbetrieb. Arbeitslose treffen sich zum ersten Bier. Bis zum Sonnenuntergang geht es hin und her zwischen Kiosk und »Café Sechseck«, der Bedürfnisanstalt aus dem späten 19. Jahrhundert. Viele davon hat Berlin nicht mehr. Dem Stephankiez ist diese Rarität geblieben. Sie paßt dorthin. Nachmittags füllt sich der Stephanplatz mit älteren Kindern und Jugendlichen. Hier kommen deutsche, türkische, bosnische und arabische Jungen meistens prächtig miteinander aus.

»Leben und leben lassen« scheint die Devise der gut 10 000 Kiezbewohner – ein Viertel ist ausländischer Herkunft – zu sein. In einem Nachbarschaft-Tauschring bieten sie sich gegenseitig Hilfe an. Beispiel: Tapezieren gegen Fahrradreparatur. Wie in einem Dorf kennt hier jeder jeden.

»Selbst, wie viele Schrippen man beim Bäcker kauft, bleibt nicht verborgen«, erzählt Karin Kaldewey vom Betroffenenrat Stephankiez, einem Verbindungsglied zwischen Bezirksverwaltung und Bewohnern. Es gibt zuwenig Grün, kaum Spielplätze im Kiez, dafür immer mehr Drogenabhängige. Nach und nach verschwinden Einzelhandelsgeschäfte rund um die Stephanstraße. Für die kleinen Sorgen ist Metzgermeister Erwin Köppen zuständig. Bei ihm bekommt man nicht nur Koteletts und Wurst. Auch gute Ratschläge. »Ich habe vor allem für die Unterhaltung meiner Kunden zu sorgen«, sagt das Kiez-Urgestein mit einem Augenzwinkern.

Er führt die Fleischerei an der Stephanstraße schon in dritter Generation. Beim Plausch in Köppens Laden werden Neuigkeiten ausgetauscht. Ob der Hund Zahnschmerzen hat, das Söhnchen Schwierigkeiten in der Schule oder die Tochter einen neuen Freund – Köppen hat ein offenes Ohr für alles. Wer mit übermäßig hungrigen Augen den Laden betritt, kriegt schon mal eine Wurst »auf die Faust«. Die hausgemachten Spezialitäten sind weit über den Stephankiez hinaus berühmt. Am Abend wird es erst richtig interessant im Quartier. Froh zu sein bedarf es wenig: Ein paar Stühle auf den Bürgersteig gestellt, eine Molle vom Spätkauf geholt – so lassen sich laue Sommerabende genießen.

Eine Institution des Kiezes ist seit neun Jahren die »Taverna Sokrates« an der Stephanstraße 19. Bei Nikolaus und Simon kommt alles zusammen, was rund um den Stephanplatz wohnt: die schicke Rechtsanwältin, der bärtige Alt-68er und die Großfamilie aus dem Hinterhaus. Hier duzen sich alle. Frische Fischspezialitäten, Hummer und Lammkeule sind ebenso gefragt wie die geradezu therapeutischen Fähigkeiten von Nikolaus. Drücken die Sorgen auch noch so schwer: Nach ein paar Gläsern griechischen Weins mit ihm als Zuhörer sieht die Welt ganz anders aus.

Motto der beiden griechischen Cousins: »Unter vier Uzos kommt hier keiner raus.« Das braucht seine Zeit. Spätestens um Mitternacht werden Erinnerungen wach an die Zeit der »Kommune 1«, die zur Hoch-Zeit der Studentenbewegung an der Stephanstraße eine Hinterhofetage bezog und das »Establishment« erschreckte.
Da kann es schon mal vier Uhr mogens werden, bis der letzte Gast geht. Oder ins »blue night« einkehrt.

Gummistiefel, Gorbi und ein Auto voller Gurken

DDR-Staatschef Erich Honecker persönlich legte 1984 den Grundstein, zwei Jahre später brachte er seinen »großen Bruder« Michail Gorbatschow zur Stippvisite mit. Die Platte in Hohenschönhausen war für sie ein Ort, um die Leistungsfähigkeit des Sozialismus medienwirksam zu präsentieren: Vollkomfortwohnungen für alle auf der grünen Wiese. Heute erstreckt sich die steingewordene Wirklichkeit des Traums vom besseren Leben nördlich und südlich der Falkenberger Chaussee, links und rechts des S-Bahnhofs Hohenschönhausen.

Helmut und Ursula Wiesjahn kamen nicht als prominente Besucher. Sie zogen im Frühjahr 1985 aus einem Altbau in Mitte in die Platte. Daß sie Jahre auf einer Baustelle wohnten und Gummistiefel zum Schuhwerk gehörten, störte sie nicht. Entfiel doch das lästige Kohlenschleppen. Ärgerlich war nur, daß man jwd – janz weit draußen – wohnte.
Kein Wunder, daß sie sagen: »Wir fahren nach Berlin«, wenn sie Verwandte und Bekannte besuchen. Das aber ist kein Problem in dem komfortabel mit öffentlichen Verkehrsmitteln ausgestatteten Neubaugebiet. Neben der S-Bahn gibt es sieben Tram-Linien, die sich am Prerower Platz kreuzen. Fahrzeit bis zum Alexanderplatz in Berlins Mitte: eine gute halbe Stunde. Per Bus gelangt man in die Nachbarbezirke Marzahn, Hellersdorf und Weißensee.
Für Ursula Wiesjahn, war der Umzug eine Wiederbegegnung mit der Kindheit. 1930 wurde sie in der Kleingartenanlage »Land in Sonne« an der Wartenberger Straße geboren. Im Norden erstreckten sich Rieselfelder, Endstation für die Abwässer der Großstadt Berlin, Anbaugebiet für Mohrrüben und Kohlrabi. Noch heute erinnert die Bezeichnung »Hohenschöngrünkohl« an diese Zeit.
50 Jahre später wuchsen auf diesen Feldern dicht an dicht Häuserblocks in die Höhe, wurde 1985 der Bezirk Hohenschönhausen gegründet. Von den 114 000 Einwohnern Ende der 90er Jahre leben etwa zwei Drittel in der Platte. Ihr Vorzug: im Norden und Osten sind es nur wenige Schritte in die Natur der Barnimer Feldmark mit Radwegen und Wiesen.
Nicht nur die Gedenktafel für die prominente Grundsteinlegung verschwand nach der Wende. Auch das triste Grau der Plattenbauten wich zunehmend bunten Fassaden. Die einstige Schlafstadt mit ihren »Arbeiterschließfächern« mauserte sich zum lebenswerten Wohnort.

Oma Uschi ist froh, daß das Anstehen in den raren Kaufhallen und der Einkaufstourismus zum Alex durch wohnortnahes Erlebnisshopping abgelöst wurde. Beispielsweise im 1995 eröffneten »Linden-Center« mit Kaufhaus, Supermarkt, Discounter und 85 Einzelhändlern, das den Prerower Platz zum Konsum-Mittelpunkt des Bezirkes machte. Im »Linden-Center« fand auch die Bibliothek »Anna Seghers« eine neue Heimat. Bis zu 2500 Leser pro Tag zeugen von der Anziehungskraft des lichten Lesetempels. Um das kulturelle Angebot abzurunden, wurde in unmittelbarer Nähe das ehemalige Institut für Lehrerbildung abgerissen und ein Großkino aus dem Boden gestampft. Über den Wandel der Zeit kann auch Wolfgang Hoebel, Wirt der benachbarten »Feldmarkschenke«, erzählen. Im August 1987 wurde das damalige Bierrestaurant eröffnet. »Es war immer gerammelt voll, die Leute haben die halben Liter nur so weggeschluckt«, denn es gab nur wenige Gaststätten im Neubaugebiet, und das Bier war in der Kneipe kaum teurer als in der Kaufhalle.
»Weil ich mich immer wieder beschwerte, daß man mir keine Gurken lieferte, stand eines Tages ein ganzer Laster vor der Tür«, erinnert sich Hoebel an die Zeiten der Mangelwirtschaft und der staatlichen Zuteilung. Zwei Jahre habe es gedauert, bis die letzte Konserve verbraucht war. Heute kann der Wirt alles kaufen, was er braucht, dafür kommen weniger Gäste als früher. Und die sind auch nicht mehr so gut drauf wie im Sommer 1990, als sie ihre erste West-Mark in der »Feldmarkschenke« versoffen. Es wird wieder mehr gemeckert, zum Beispiel über Arbeitslosigkeit, Kriminalität oder Vandalismus. Man habe in den grauen Bauten ruhiger gelebt als jetzt in den bunten, gibt so mancher Biertrinker zum besten.
Auch Dietwalt Bahr, Chef des Gasthauses »Eisberg«, nur

ein paar Schritte vom S-Bahnhof Hohenschönhausen entfernt, muß damit leben, daß ihm immer mehr Konkurrenz in der Nachbarschaft die Gäste streitig macht: ein bayrisches Spezialitätenrestaurant, Fast food, Pub und ein Italiener. Doch wenn der »Eisberg« Donnerstag bis Sonnabend zum Tanz einlädt, ist die Bude voll.
Die Platte hat ihr Gesicht verändert: neue Fassaden, neue Balkone, neue Geschäfte und Kneipen. Der Kiez ist sichtbar schöner geworden. Wegziehen ist für die meisten Bewohner deshalb kein Thema. Stippvisiten aus dem Politbüro sind nicht mehr zu befürchten. Statt dessen wurde einer der letzten aus Honnis Mannschaft, Ex-Stasichef Erich Mielke, Dauergast in Hohenschönhausen; er mußte sein Haus in der Promi-Siedlung Wandlitz mit einer Wohnung in der Platte tauschen.

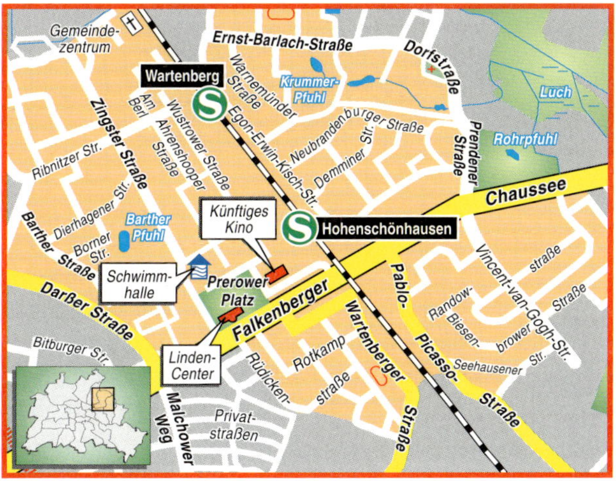

Ein Mauerblümchen wird wieder Großstadt

Geradezu nostalgisch werden alte Gesundbrunner, wenn sie von ihrem Kiez vor zwanzig, dreißig Jahren erzählen. Da habe man noch gemächlich die Badstraße entlangschlendern können – ohne Geschubse und Gedrängel. Doch der Fall der Mauer habe alles aus dem Lot gebracht. Die nun passierbare Grenze weckte den Gesundbrunnen, der in die beiden Ostbezirke Prenzlauer Berg und Mitte hineinragt und dessen Straßen an drei Seiten alle an der Mauer endeten, aus seinem Schlummer. Plötzlich wurde der »tiefe Wedding«, den Mauer und Todesstreifen zur Randlage degradiert hatten, wieder innerstädtische Passage.

Sackgassen wandelten sich in Durchgangsstraßen, die vom Niemandsland getrennten Nachbarbezirke wuchsen wieder zusammen. Aus dem Berliner Osten strömten Tausende auf die Badstraße. Die Jüngeren zum ersten Mal in ihrem Leben, die Älteren, um die vertrauten Orte aufzusuchen, wo sie vor dem 13. August 1961 für schwarz umgetauschte Westmark eingekauft hatten, was der Badstraße damals im Volksmund den Namen »Sachsendamm« gab. Die neue Situation brachte mehr Menschen und Verkehr auf die Straße, und sie machte das Viertel auch attraktiv für Investoren, Händler und Wohnungssuchende. So taucht man beim Verlassen des Zuges am U- und S-Bahnhof nicht mehr in einer Oase der Ruhe auf, sondern im Lärm der neuen Zeit. Gigantische Baugruben, aufstrebende Gebäudeblöcke und schweres technisches Gerät verwandeln den einst verträumten Mauer-Kiez in eine imposante Baustelle. Auf der einen Seite der Bahngleise wird der neue Regional- und Fernbahnhof gebaut, auf dem künftig bis zu 60 000 Fahrgäste täglich erwartet werden. Auf der gegenüberliegenden Seite hat im Herbst 1997 das Gesundbrunnen-Center eröffnet. Es bescherte dem Viertel tausend neue Arbeitsplätze sowie hundert Geschäfte und ein Kaufhaus. Trotz der ungewohnten Betriebsamkeit sind die neuen Einkaufsmöglichkeiten für viele Gesundbrunner eine große Bereicherung. »Früher mußte ich immer in die Müllerstraße fahren, jetzt sind es nur ein paar Minuten zu Fuß«, freut sich eine Anwohnerin.
Wie ein architektonischer Anachronismus wirkt mittendrin das denkmalgeschützte U-Bahn-Häuschen. Dort steht auch Reina Lehmanns »Curry-Baude«, ein kiezbekannter Treffpunkt. Morgens holen sich Taxifahrer Kaffee, mittags stehen Bauarbeiter und BVG-Umsteiger Schlange. Würste und Ketchupsauce stellt der gelernte Fleischer nach eige-

nem Rezept her. »Bei mir essen viele Weddinger schon seit 20 Jahren ihre Currywurst«, sagt er.
Auch vielen türkischen Gesichtern begegnet man. Die Männer und Frauen aus dem Süden zogen in den siebziger Jahren als Gastarbeiter zu und brachten Leben auf die Badstraße. Seitdem prägen türkische Juweliere und Döner-Buden das Straßenbild.
Wahrzeichen des Kiezes ist das prächtige Luisenhaus an der Badstraße 38/39. Hier sprudelte die eisenhaltige Quelle, die der Hofapotheker Heinrich Wilhelm Behm 1757 zur Trink- und Heilstätte ausbaute und die dem Gesundbrunnen und der Badstraße die Namen gab. Hundert Jahre währte die ländliche Idylle mit Kurbetrieb und vielen Vergnügungsetablissements auf der Badstraße, bis Industrie und Mietskasernen die schöne Gegend an der »Plumpe« überzogen und die Heilquelle zum Versiegen brachten. Heute erinnert ein Relief vom Quellenbrunnen an der Seitenfassade des Hauses an diese Zeit.

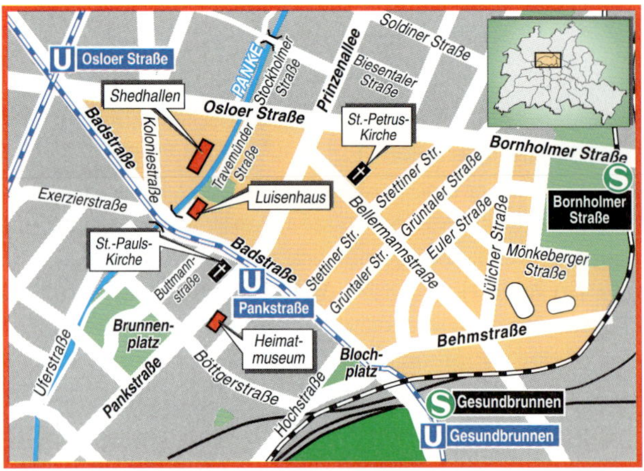

»... und vom Balkon blickt man auf Siegessäule und Schloß Bellevue«

Trotz wilder Graffities und der Patina der 50er Jahre wirkt der U-Bahn-Eingang »Hansaplatz« nicht unfreundlich. Überall kann Tageslicht einfallen, und oft erklingt schon morgens Kinderlachen. Dann strömen Schulklassen und Jugendgruppen zur Matinee-Vorstellung des berühmten Grips-Theaters. Doch der Trubel beschränkt sich auf die Umgebung des U-Bahnhofes, wo sich Geschäfte und Restaurants befinden. Einige Meter weiter verlieren sich die Fußgänger. Abends wird es ein wenig unheimlich auf den

menschenleeren Straßen. Das attraktive Wohngebiet ist nicht organisch gewachsen. Es entstand auf dem Reißbrett. Als Höhepunkt der Internationalen Bauausstellung (IBA) 1957 präsentierte es innerstädtischen Nachkriegs-Neubau in neuer Qualität. Ein Modell. Es stand für Wohnkultur im Grünen. Es bot komfortables Wohnen für Normalverdiener, wie es bis dahin nur betuchte Berliner kannten, die sich ein Häuschen mit Garten leisten konnten. Großzügige, lichtdurchflutete Sozialwohnungen, in denen vor allem junge Familien ein hohes Maß an Lebensqualität fanden. So wurde das Hansaviertel Gegenstück zur gediegenen Gründerzeit-Stuckromantik und auch zu den muffigen Hinterhof-Mietskasernen. Es entstand nicht zuletzt als Antwort auf die Komfort-Wohnungen an der Stalin-, heute Karl-Marx-Allee, die der Berliner Osten mit ähnlich hohem Anspruch auf den Trümmern baute.
Dieses ehrgeizige Projekt, eine Mischung aus Hochhäusern, Zeilenbau- und Einfamilienhäusern mit insgesamt 1300 Wohnungen, trägt die Handschrift namhafter Architekten: Walter Gropius, Oskar Niemeyer, Alvar Alto … 1992 wurde es, so wie auch die Karl-Marx-Allee, unter Denkmalschutz gestellt. Aus gutem Grund. Nirgendwo in Berlin entstanden später noch einmal Wohnensembles solcher Qualität für die »kleinen Leute«.
Bis heute ist der hohe Anspruch im Quartier zwischen Spree und Straße des 17. Juni zu spüren. Funktionierende Infrastruktur, schon im Konzept verankert, trägt dazu bei. Geschäfte, Cafés und kulturelle Einrichtungen wie die Akademie der Künste, auch zwei moderne Kirchen sind markante Punkte. Das Quartier hatte den neuen Bewohnern von Beginn an viel zu bieten. Deshalb sind die meisten alteingesessenen »Hanseaten« dem Viertel treu geblieben. Manche haben ihre Wohnung auch gekauft.

Inzwischen sind die jungen Familien »in die Jahre« gekommen. Viele zieht es zu Plätzen, wo die Zeit stehengeblieben zu sein scheint. Das Café Buchwald an der Bartningallee mit dem Charme der 50er Jahre bietet neben der Atmosphäre von Omas guter Stube Baumkuchen aus eigener Herstellung. Damen, die beim Kaffee-Kränzchen den Hut aufbehalten, fühlen sich dort ebenso wohl wie schrille Szene-Paradiesvögel.

Oder Dagmar Königs »Tante-Emma-Laden« an der Claudiusstraße 6. Hier gibt es alles: Zeitungen, Schrippen, Spülmittel, Hundefutter – und vor allem ein offenes Ohr und immer ein gutes Wort. »Der König der Claudiusstraße ist aber Doktor Klöbner«, sagt die Ladeninhaberin und stellt ihren Kater vor, der seinen Namen einem Loriot-Sketch verdankt. Er hat seinen Stammplatz zwischen Postkarten und toscanischem Olivenöl und schnurrt mit stoischem Gleichmut, wenn sein Schläfchen von einem streichelnden Kunden unterbrochen wird.

Vom ursprünglichen, in den Gründerzeitjahren um 1875 mit den Stadtbahn-Viadukten errichteten und nach den Hamburger Geldgebern benannten Hansaviertel ist nicht viel geblieben. Es wurde bei einem Bombenangriff im November 1943 fast vollständig zerstört. Der kleine Rest mußte der IBA 1957 weichen. Nur noch wenige Häuser, etwa an der Ecke Klopstock- und Joseph-Haydn-Straße, zeugen von der vornehmen Gediegenheit des Gründerzeit-Viertels.

Auch dieses, gutbürgerlich bis hochherrschaftlich, war damals eine Welt für sich. Von den 5,6 Prozent Juden, die 1927 in Tiergarten lebten, waren die meisten rund um den Hansaplatz ansässig. Am Siegmunds Hof 11 befand sich das jüdische Gemeindezentrum Addas Jisroel. Künstler und Schriftsteller prägten die Atmosphäre im Wohnviertel am Großen Tiergarten. Heinrich George, der lange an der Klopstockstraße 48 gewohnt hat, Nelly Sachs, die wohlbehütet an der Lessingstraße aufwuchs und der Philosoph und Kulturkritiker Ludwig Marcuse. In »Mein 20. Jahrhundert« beschreibt er seine Kindheit, die er im Hansaviertel der Jahrhundertwende »mit Bürgern, Gouvernanten und Dienstmädchen verbrachte«. Selbst Revolutionäre beherbergte der großbürgerliche Wohnbezirk: Rosa Luxemburg wohnte an der Klopstockstraße, und am Bahnhof Bellevue nahm ein gewisser Wladimir Iljitsch Uljanow, der sich später Lenin nannte, Quartier.

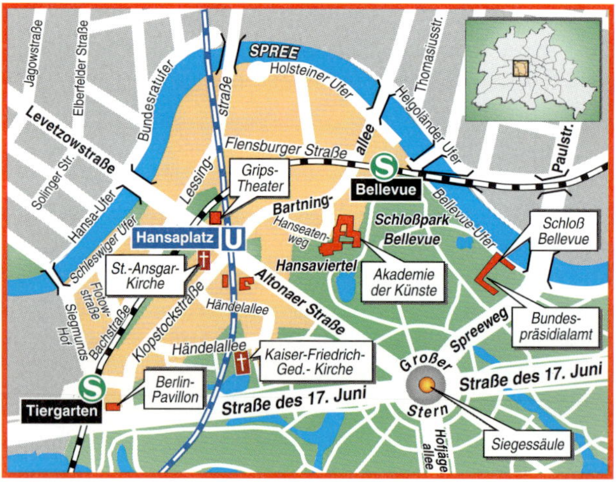

Toleranz und pure Lebenslust: Jeder nach seiner Façon

Diese Stadt schläft nicht. Irgendwo ist immer was los. Gesellige Nachtschwärmer wissen das zu schätzen. Und sie kennen die Orte, wo selbst in schwärzester Dunkelheit umtriebige Seelenverwandte zueinanderfinden. Das Nachtleben gehört einfach zu Berlin wie der Senf zur Wurst.
Etwas abseits der (neon)lichten Welt des Kudamms beginnt auf der Motzstraße nach null Uhr die Nachtschicht. Frauenpaare, Lederkerle, drag queens und Normalos beginnen ihren Zug durch die Gemeinde.
Bermuda-Dreieck nennen die Berliner Jungs und Mädels ihr Schöneberger Revier zwischen Nollendorfplatz, Martin-

Luther- und Kleiststraße. In Anmachläden, Bars, Kneipen, Cafés und Stricherschuppen kann man schnell verlorengehen. Und das in bürgerlichen Kulissen: Gründerzeit-Fassaden, hohe Straßenbäume, Tempo-30-Zone.
Seit Anfang der 80er Jahre dominiert »Tom's Bar« die Ecke Eisenacher- und Motzstraße. »Private Club. Please ring the bell« steht am Eingang – kein Zutritt für Neugierige. Dennoch ist der Laden Insidern von Sidney bis San Francisco ein Begriff. Vor dem Lokal für Ledermänner parken Motorräder; Taxis fahren an und ab. Die Droschkenlenker kennen jede Kneipe hier. Kein Wunder. Berliner Nachtschattengewächse halten die Taxameter (zum Nachttarif) auf Trab.
Da kann Michael nur noch schmunzeln: »Seit ich in der Eisenacher Straße wohne, spare ich 300 Mark Taxigeld im Monat.« Auch wenn abends im Kühlschrank mal Ebbe herrscht – null Problem. Bis Mitternacht sitzt Kurt Conrad in seinem Kiosk, Motzstraße 17, zwischen Zeitschriften, Süßigkeiten, Büchsenkost und Sixpacks. »Bei mir koofen alle«, erzählt er, »auch Schriftsteller Thomas Brasch und Schauspieler Klaus Dahlen.« Gerne würde er die ganze Nacht öffnen. »Dafür krieg ich aber keine Genehmigung«, sagt Conrad enttäuscht.
Aus der Motzstraße 19 dringt Musik auf die Straße – jeden Abend ein anderer Sound. Mal Drum & Bass, mal House, mal Swing. Der »Hafen« ist gegen ein Uhr meistens proppenvoll. Auch Marcus war Stammgast. Bis zuletzt. Bis er den Kampf gegen das Virus verlor. »Aids ist Bestandteil des Alltags«, sagt Hafen-Besitzer Johannes. Schließlich hat jeder hier schon Bekannte, Freunde oder Lover durch die Immunschwächekrankheit verloren.
Der Kiez gönnt sich keine Pause: In einigen Bars zapfen die Wirte bis zum Morgengrauen. Und für die, die dann

immer noch kein Ende finden können, hält das »Steiner« in der Motzstraße 30 ab 6 Uhr Milchkaffee und Croissants bereit.
Wand an Wand mit Vollkornbrötchen, Baguettes und süßem Gebäck stehen etwa 5000 Bände in den Regalen der Buchhandlung Schikowski: seit mehr als einem halben Jahrhundert ein Hort für Fachliteratur zu Okkultismus, Esoterik, Astrologie und Magie. Über dem Laden hatte der Vater der Anthroposophie, Rudolf Steiner, von 1903 bis 1923 seine Zelte aufgeschlagen. Ein Zufall? »Nein. Wir kennen keine Zufälle«, sagt ein Angestellter.
Wo lebte es sich urbaner als zwischen Wittenbergplatz und »Nolli«? Vier U-Bahnlinien sowie diverse Tag- und Nachtbuslinien in alle Winkel der Stadt, der Tiergarten direkt vor der Nase, ein Katzensprung zum Tauentzien. Und das weltstädtische Völkchen, das hier siedelt, hält's mit dem Alten Fritz: »In meinem Staate kann jeder nach seiner Façon selig werden.« Die Parole von 1740 scheint auch noch heute zu gelten. Eine Anwohnerin: »Ich liebe die bunte Mischung, das tolerante Klima.« Dieser Cocktail aus Seitenstraßen-Beschaulichkeit, Weltgewandtheit und Amüsement gefiel auch dem britischen Autor Christopher Isherwood. Von 1929 bis 1933 lebte er an der Nollendorfstraße 17. Sein Roman »Goodbye to Berlin« erlangte als Spielfilm »Cabaret« Weltruhm.
Seit März 1997 ist der Kiez um ein kleines Highlight reicher. »Spot« – eine Bar für Stars und solche, die es werden wollen – eröffnete an der Eisenacher Straße 2. Die wöchentlichen Castings für Film und Fernsehen haben sich inzwischen bei Nachwuchstalenten in spe berlinweit herumgesprochen. Und mancher Montagsgast nippt ziemlich lampenfiebrig an seinem Drink. Wer weiß, vielleicht beginnt im »Spot« eine steile Karriere ...

In einem Souterrain-Laden an der Eisenacher Straße 115 bringt der »Hofbarbier« Szene-Köpfe in Fasson. Zwischen Föhnhauben aus Omas Zeiten und Gartenzwergen lassen sich auch die Schauspieler Marion Kracht und Bernd Fiedler sowie Sängerin AnNa vom Duo Rosenstolz die Haare machen. Trends für die ausgehenden 90er Jahre? »Die Techno-Kids waren so skinny – das ist passé. Hip sind Dauerwellen und Extensions – künstliche Haarteile«, prophezeit Salonbesitzerin Ute Jacobs.

Offensiv trägt die Szene Lebensart und Lebenslust zur Schau. Ein Indiz: der Sex-Shop »Good Vibration« an der Motzstraße 18. Wo sich anderenorts das Sortiment schamhaft hinter Jalousien versteckt, geben hier große Schaufenster den Blick frei auf Sex-Toys und Fetisch-Klamotten. »Wir haben nichts zu verbergen«, erklärt Verkäufer Holger die Geschäftsidee.

Politisch und kulturell laufen die schwulen Fäden im Info-Laden Mann-O-Meter zusammen. Etwa 3000 Besucher schauen im Monat an der Motzstraße 5 auf einen Kaffee vorbei, nehmen an Selbsthilfegruppen teil oder fragen um Rat. 89 Mitarbeiter geben an sieben Tage in der Woche alle Infos, die Hauptstadt-Homos und ihre Gäste so brauchen. 1986 wurde das Projekt mit dem Ziel gegründet, über HIV und Aids aufzuklären und die Akzeptanz Schwuler zu fördern. 760 000 Mark steuerte 1997 der Senat bei. Mann-O-Meter organisiert unter anderem auch das Motzstraßenfest, bei dem jedes Jahr im Juni etwa eine Viertelmillion Berliner mitfeiert.

Seit Jahrzehnten ist der Kiez auch berühmt für seine Antiquitätenhändler. An der Eisenacher Straße 10 etwa verkauft Thomas Weick Biedermeier- und Barockmöbel. Noch will Sohn Jerg nicht in die Fußstapfen seines Vaters treten. »Ich habe aber noch Hoffnung«, tröstet sich Weick und blickt zurück auf die Firmengeschichte. Großvater Wilhelm hatte 1907 den Familienbetrieb als Tischlerei gegründet. Doch das ist wieder eine andere Kiez-Geschichte …

Küchenfenster mit Blick in die Zukunft

Wenn Christa Günther ihre Katzen Paul und Paula am Küchenfenster füttert, schaut sie auf ein Baugelände. Die neue U-Bahn-Trasse nach Pankow zieht sich hier direkt hinter den Häusern entlang. Viel Grün hat sie verschlungen, ein paar Hinterhofbauten und die Musikschule. Christa Günther bangt: Wird von ihrem Haus auch nur eine Lehmgrube bleiben?

Anfang der sechziger Jahre haben die Günthers an der Ecke Schulstraße die schwervermietbare Ausbauwohnung übernommen: hundert Jahre alt. Ofenheizung, Plumpsklo im Treppenhaus. Mühevoll haben sie sich daraus ein gemütliches Heim geschaffen, ein Bad eingerichtet, Küche und Korridor holzgetäfelt. Woher die Bretter sind? War doch Mangelware damals. Kistenholz von der Zigarettenfabrik Garbaty drüben. Über dreißig Jahre hat Christa Günther da als Sekretärin gearbeitet. Heute steht dort, auf der anderen Seite der Berliner Straße, nur noch ein leeres Fabrikgebäude.
Josef Garbaty-Rosenthal war aus Weißrußland um die Jahrhundertwende nach Berlin gekommen, hatte das Grundstück gekauft und darauf ein Fabrikgebäude errichtet, das damals höchsten technischen- und hygienischen Ansprüchen entsprach. Seine Familie floh Anfang der dreißiger Jahre aus Nazideutschland nach Amerika. Der alte Garbaty blieb. Er konnte sich nicht vorstellen, daß ihm, dem großzügigen Sponsor, jemand etwas anhaben könnte. Fast neunzigjährig starb er 1939 in seiner Villa. Heute liegt das Haus verlassen, halbverfallen neben dem ausgestorbenen Werksgelände. Noch am 2. Oktober 1990 verkaufte die Treuhand die DDR-Zigarettenmarke »Club« an die Firma Reynolds. Nur die Marke, nicht die Produktionsstätte. Damit war der Industriestandort mit 246 Arbeitsplätzen verspielt und ein Stück Pankower Geschichte dazu. Im Jahre 1910 waren bei dem jüdischen Zigarettenfabrikanten 2000 Leute beschäftigt.
Tradition und Zukunft liegen hier dicht beieinander. Auf der Hauptverkehrsader von Berlin nach Pankow zwischen der Alten Pfarrkirche und der U-Bahn-Station Vinetastraße fuhr schon Kurfürst Johann Cicero Ende des 15. Jahrhunderts über den holprigen Sandweg nach Niederschön-

hausen. 1701 schob sich der pompöse Krönungszug des ersten preußischen Königs durch die »Compagnien der Bürgerschaft« über den unbefestigten Weg. Aus dem Jahre 1892 wird berichtet, daß das »Passieren der Chaussee für Mensch und Tier eine wahrhafte Quälerei« sei. Die Räder der Kutschen fielen alle fünf Minuten in notdürftig ausgebesserte Löcher, schreibt der Chronist. Erst 1907 verschwanden rechts und links die Chausseegräben, die »Elektrische« löste die Pferdebahn ab. Bis in die Mitte des 19. Jahrhunderts war die Straße nur locker bebaut, die Häuser zum Teil noch mit Stroh gedeckt. An der Ecke Borkumstraße stand bis zum Jahre 1902 die letzte Pankower Windmühle.

Was die Chronik aus dem Jahre 1912 berichtet, klingt vertraut: Die Stadt Berlin hatte kein Geld und verkaufte die Berliner Straße an die Gemeinde. Als Pankow dann wenig später eingemeindet wurde, brachte es eine Straße mit, für die es der Stadt fast eine halbe Million auf den Tisch gelegt hatte.

Geschichte begegnet einem hier auf Schritt und Tritt. Das Postamt, denkmalgeschützt und frisch restauriert, steht dem gewaltigen Bau gegenüber, den der Zigarettenfabrikant Garbaty für jüdische Waisenkinder errichten ließ. Zu DDR-Zeiten hatte die kubanische Botschaft in dem Anwesen ihren Sitz. Jetzt steht das Gebäude ebenfalls leer.

So auch das verfallene Kino »Tivoli« stadteinwärts hinter der engen Bahnunterführung. Die Brüder Skladanowsky zeigten dort 1895 zum erstenmal ihre laufenden Bilder. Der Verein »Die ersten 100 Jahre Kino in Berlin«, der das Filmtheater retten wollte, hat längst resigniert. Die Geschäftsfrau Gabriele Schloß-Gräbert, die das »Tivoli« nach der Wende ersteigerte, fürchtet wohl die Konkurrenz der großen Kinos. »Nein, über Vorhaben möchte ich mich im

Moment nicht äußern«, sagt sie und das schon seit Jahren. Die meisten Geschäfte zwischen U-Bahnhof Vinetastraße und S-Bahnhof Pankow haben den Bau der U-Bahn-Trasse nicht überlebt. Sieben Jahre aufgerissener Fahrdamm, kein Autoverkehr, kaum Fußgänger – das konnte keine Entschädigung ausgleichen. Viele haben 1990 in ihre Geschäfte investiert und danach vergebens auf Kundschaft gewartet. Einer nach dem anderen mußte die Rollläden vor den Schaufenstern herunterlassen. Seit zwei Jahren rollen nun die Fahrzeuge. Die gelben Wagen der Tram auf dem Mittelstreifen gehören wieder zum Wahrzeichen der Straße. Jürgen Harm, Geschäftsleiter des Autohauses ASB, das seinen Platz und die Belegschaft aus Vorwendezeiten halten konnte, gehört zur rührigen Interessengemeinschaft der Gewerbetreibenden. »Viele Anwohner sind hier seit Jahrzehnten zu Hause, wir wollen Heimatgefühl stärken«, sagt er und organisiert bereits das dritte Straßenfest zwischen Kissingen- und Masurenstraße.

Der U-Bahn-Bau ist bis zu Florastraße und S-Bahnhof Pankow vorgedrungen. Fußgänger kämpfen sich zwischen Lastern und Kränen über aufgerissene Gehsteige zur Straßenbahnhaltestelle durch, schimpfen über Schmutz und Lärm. Aber die Architekten sehen schon die Zukunft auf dem Reißbrett, träumen vom Bahnhof, der S- und U-Bahn verbindet, vom Vorplatz mit Geschäften und Grünanlagen, drei- und sechsstöckigen Gebäuden, Handel, Wandel, Leben und Treiben in einer Straße, in der seit Jahrhunderten das Herz Pankows schlägt.

Der Gedanke, eines Tages fort zu müssen, schnürt Christa Günther die Kehle zu. Die »Berliner« ist für viele Menschen Heimat, Gemeinsamkeit und Nachbarschaft. Wenn sie morgens in Hausschuhen ihre Schrippen vom Bäcker an der Ecke holen, reden sie über Gott und die Welt, über früher und darüber, wie sich alles verändert. Sie brauchen bloß aus dem Fenster zu sehen.

Wie ein Dorf von der Metropole eingeholt wird

Wald und Feldflur säumen kilometerweit die Straßenränder auf dem Weg nach Kladow. Nach zehn Minuten Fahrt durch das »grüne Berlin« tauchen am Horizont die ersten Häuser auf. Bis der Gast in die von Einfamilienhäusern gesäumten Straßen eintaucht, hat er die Hektik der Großstadt längst abgeschüttelt. »Das gehört auch noch zu Berlin?« fragt so mancher Gast, wenn er sich in Kladow umschaut. »Det is hier mitten inne Stadt und doch janz weit draußen uff'm Land«, erklärt der alteingesessene Landwirt Paul Brüning. Der weite Blick von der Dampfer-Anlegestelle an der Imchenallee – dem »Seeanschluß nach Berlin« – über die Havel nach Wannsee, alte märkische Bauernhöfe, repräsentative Villen, Wiesen und Felder prägen den Süden Spandaus. Wo andere Urlaub machen, leben heute 12 842 Einwohner. 1267, als »Clodow« erstmals in einer Schenkungsurkunde des Ritters Arnold von Bredow erwähnt wurde, waren es noch eine Handvoll Fischer und Bauern.

Selbst der ehemalige Bundesbauminister Klaus Töpfer (CDU) geriet ins Schwärmen, als er von der Terrasse des Restaurants »Bistro Verde« auf die Insel Imchen vor dem Kladower Havelufer blickte. »Das muß ich meinen Bonner Beamten erzählen. Hier ist es ja so schön wie in Königswinter«, startete Töpfer seine Werbekampagne für den Regierungsumzug.

Das hat Kladow nun davon: Auf dem zum Ortsteil gehörenden Teil des ehemaligen Flugplatzes Gatow werden 1240 Häuser für die Regierungsbeamten gebaut. Die »Grüne Regierungsstadt« soll bis 1999 Heimat für 4500 Neu-Kladower in ländlicher Umgebung werden – und macht Kladow nun doch zur Stadt. »Wir haben enge Dorfstraßen, wachsen aber unaufhaltsam zur Kleinstadt mit bald 20 000 Einwohnern«, sagt Spandaus Bürgermeister Konrad Birkholz (CDU), selbst in Kladow aufgewachsen. Die Alteingesessenen nehmen's gelassener als die »Zugereisten«, die in den vergangenen 40 Jahren selbst dafür sorgten, daß es im Spandauer Süden »voll« wurde.

Kladows »Ureinwohner« treffen sich gern bei Inge Groß im Gasthaus »Kladower Hof«. Vor dem historischen Tresen von 1926 werden bis in die tiefe Nacht neueste Nachrichten aus dem Dorf getauscht. Da darf Hans Kirschberger, Urgestein der Kladower Freiwilligen Feuerwehr, ebensowenig fehlen wie Wilfried Witschel, Vorsitzender des Männergesangvereins »Eintracht Cladow 1919«, Jürgen Huschke vom Sparverein »Nie zu viel« oder Dieter Haupt, der mit seinen Skatbrüdern an Inges Stammtisch die Karten klopft. Hier draußen hat man sich seine Eigenständigkeit bewahrt: Die Kladower fahren »in die Stadt«, wenn sie in Spandaus City streben. Wird die Havel überquert, geht's nach Berlin. Aus der »fernen Stadt« suchten zu Zeiten der mauerumgrenzten Metropole an den Wochenenden Erholungssuchende beim Bad im Groß Glienicker See Erfrischung im klaren Wasser. Sommer auf Sommer füllten sich die Terrassen der zahlreichen Ausflugslokale mit sonnenhungrigen Berlinern. 1990 war es nach der Grenzöffnung damit schlagartig vorbei. Wiederentdeckte Ausflugsziele lockten die Berliner ins nahe Brandenburg. Seit 1993 beeindruckt Kladow die Städter wieder vermehrt mit seiner Stille und Behaglichkeit. Hier steht die Kirche noch mitten im Dorf. Schon im 13. Jahrhundert erbaut, wacht sie auf mächtigen Feldsteinen am Dorfanger über die Geschicke des Ortes. Einst waren Kladows Gehöfte um den ovalen Dorfanger auf dem Havelberg – dem jetzigen Dorfplatz vor der Kirche – angeordnet. Bei einem kleinen Rundgang kann der Besucher noch heute einen Eindruck über die dörfliche Vergangenheit Kladows gewinnen. Vor dem Jahre 1808 gibt es allerdings als einzig erhaltenes Zeugnis bäuerlicher Wohnkultur nur das um 1800 erbaute mitteldeutsche Doppelstubenhaus am Sakrower Kirchweg 8. Das historische Gebäude überstand die große Feuersbrunst, die Kladow am 4. April 1808 fast völlig vernichtete.

82 Jahre später begann für das einst arme Dorf Kladow eine rosigere Zukunft. Von 1890 an zogen vermehrt rei-

che Berliner in den grünen Vorort, der zwei Jahre später in den Sommermonaten durch Dampfer der »Sterngesellschaft« über eine regelmäßige Schiffsverbindung nach Wannsee verfügte. Kladows Bauern verkauften den Großstädtern Land und gelangten so zu beachtlichem Vermögen. Die Bauernhöfe rund um den Dorfanger zeugen noch heute vom neuen Reichtum.
Das 1902 erbaute Stallgebäude des Hofes von Friedrich Parnemann, Alt-Kladow 20, zeigt noch eine recht bescheidene künstlerisch-bäuerliche Backstein-Ornamentik. Die Höfe von Karl Friedrich Marzahn junior am Kladower Damm 387 und von Carl Parnemann, Alt-Kladow 21/23, markieren jedoch schon den Wandel Kladows zum »Villenvorort Berlins«.
Spätklassizistischer Stuckdekor oder Jugendstil-Fassaden sind Zeichen beginnenden bäuerlichen Wohlstands. Zu diesen reichverzierten, denkmalgeschützten Bauernhäusern gehören das 1875 am Kladower Damm 380/382 von Landwirt Karl August Hönow erbaute Wohnhaus sowie das 1872 fertiggestellte des Bauerngutes Schütze. Nebenan steht der mit Ziegeln aus eigener Ziegelei erbaute Taubenturm.
Von der Familie des Bauerngutsbesitzers Schütze wurde 1893 auch eine Villa am Roten Stein hoch am Hang über der Havel erbaut. 1920 von Hofrat Wilhelm Oeding erworben, ist die »Villa Oeding« ein Beispiel der hochherrschaftlichen Häuser in Kladow. Anfang der dreißiger Jahre wohnte hier der Schauspieler Hans Albers, später Joseph Goebbels.
Entlang des Havel-Hangs entstanden zum Beginn des 20. Jahrhunderts weitere repräsentative Villen. Die reichen Nachbarn aus der Großstadt machten sich in Kladow breit: 1912 gehörten 20 Prozent der Grundstücke in Kla-

dow »Zugereisten« aus Berlin. Zeugnis davon geben heute noch die »Villa Wertheim« am Temmeweg 10, 1906 erbaut von Wolf Wertheim, dem Sohn des Kaufhausgründers, oder das 1912 entstandene »Haus Guckegönne« des Architekten Albert Gessner, Am Schwemmhorn 3. Neben der Kirche am Dorfplatz lockt nach einer dorfgeschichtlichen Wanderung unter einer uralten Kastanie der Garten des Restaurants »Dorfkrug« zum kühlen Trunk. »Hier können Gäste noch ländliche Idylle genießen«, verspricht Dorfkrug-Wirt Hans-Joachim Eichler. Und dennoch. Spätestens mit dem Bau einer Abwasser-Kanalisation und der Bonner Regierungs-Exklave auf dem einstigen Flugplatz gleitet der Schatten des Molochs Berlin unaufhaltsam über die ländliche Idylle. »Hoffentlich können wir uns hier draußen zwischen Potsdam und Berlin trotz des rapiden Umbruchs zur Kleinstadt das dörfliche Flair weitgehend erhalten«, hofft Rainer Nitsch vom örtlichen Kulturverein »Kladower Forum«.

Kladow erreicht der Besucher mit dem Auto über Potsdamer Chaussee oder Gatower Straße, die in Spandau von der Heerstraße (B 5) abzweigen. Vom Bahnhof Zoo fährt der Schnellbus X 34 direkt nach Kladow, die Buslinien 134 und 135 fahren vom Spandauer Zentrum dorthin. In Wannsee legt stündlich die BVG-Fähre zum Kladower Havelufer ab.

Bei einem Rundgang durch das Dorfzentrum wandert der Besucher auf den Spuren der bäuerlichen Vergangenheit Kladows: Vom Gut Neukladow **(1)**, in dem 1800–1806 Wilhelmine Mencken, Mutter des 1815 geborenen Otto von Bismarck wohnte, kommt der Besucher über die Imchenallee zur Dampfer-Anlegestelle **(2)**. Den Hang hinauf geht es ins Kladower Dorfzentrum. Am Sakrower Kirchweg 8 steht das älteste erhaltene Wohngebäude, ein um 1800 erbautes mitteldeutsches Doppelstubenhaus **(3)**, auf der gegenüberliegenden Straßenseite das Wohnhaus des Hofes Schütze von 1872 mit dem benachbarten Taubenturm **(4)**. Den Dorfanger prägt die Kirche **(5)**, aus dem 12. Jahrhundert. Rund um den Dorfanger stehen Kladows älteste Bauernhöfe. Sie gehörten Friedrich Parnemann **(6)**, Carl Parnemann **(7)**, Karl Friedrich Marzahn junior **(8)** sowie Karl August Hönow **(9)** und wurden zwischen 1875 und 1902 erbaut.

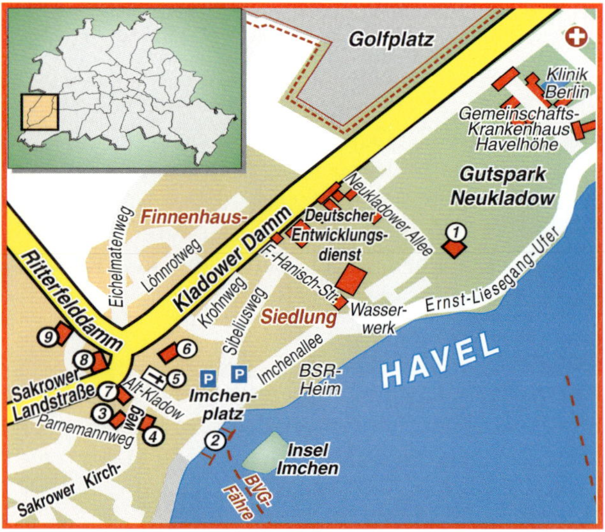

Trödel und Szene am Kudamm von Kreuzberg

Durchsichtige Plastik-Shorts, kreischend-rote Hacken-Stiefel oder mit schwangeren Bäuchen bedruckte Postkarten – nichts, was an der Bergmannstraße in Kreuzberg nicht über die Ladentische geht. Schrille Klamotten, schräge Kunst und Nippes neben türkischen Gemüseläden, Spielhöllen und Trödel. Alte Stühle, Bücherkisten und Daunenbetten stapeln sich auf dem Bürgersteig. Unzählige Geschäfte, Szenekneipen, Döner- und China-Imbisse bestimmen zwischen Mehringdamm und Marheinekeplatz das Straßenbild.

Die Einkaufs- und »Freßmeile« mit ihrem bunten, beinahe karnevalartigen Trubel ist auch bei Touristen beliebt. Sightseeing-Busse quetschen sich durch die Tempo-30-Zone, vorbei an Autos und Lieferwagen, die nicht selten in dritter Reihe parken. Mit Videokameras bewaffnete Japaner mischen sich unter die Kiezbewohner. Ein Konglomerat aus rucksackbeladenen Studenten, gepiercten Punks, Akademikern, Türken, Yuppies und Alteingesessenen. So begegnen sich Armut und Wohlstand, Arbeitslosigkeit und gutbetuchte Schickeria.
Während in der »Kreuzberger Molle« an der Zossener Straße der Alltagsfrust mit Bier und Korn runtergespült wird, Punks vor der Marheineke-Markthalle Groschen erbetteln und »Kippen« schlauchen, läßt sich schräg gegenüber im »Barcomi's« die Szene-Schickeria hausgerösteten Kaffee mit Vanille- oder Schoko-Aroma schmecken. Und im »Parlamento« oder »Austria« ißt man nach Tisch-Vorbestellung.
Der »Bergmann«-Kiez ist längst kein reines Studenten- und Künstlerviertel mehr. Die ehemals besetzten Häuser wurden saniert, manche – wie die Bergmannstraße 103 – richtig nobel ausgebaut. Auch die Geschäfte sind andere geworden. Die Tante-Emma- und Strickmodenläden sind weg. Fast-food-Stuben reihen sich aneinander. Die vielen Weinhandlungen, Kunstgewerbe-Geschäfte und Boutiquen locken inzwischen auch Kunden vom Potsdamer Platz. Da die Mieten steigen, sind die Ladenbesitzer froh über die neue, zahlungskräftige Klientel.
»In den 50er Jahren war das hier der Kudamm von Kreuzberg. Ein gutbürgerliches Viertel mit vielen Fachgeschäften und großen Stuck-Wohnungen«, erinnert sich eine Geschäftsfrau, die an der Bergmannstraße aufgewachsen ist. »Es gab damals alles, was die Hausfrau brauchte: Le-

bensmittel, Kochtöpfe, Tischdecken und gesteppte Büstenhalter.« In den Hinterhöfen waren Kuhställe, wo die Anwohner Milch holten.

Zwar nicht mehr euterwarm, aber dennoch frisch bekommt man die Milch in der über 100jährigen Marheineke-Markthalle, ebenso Fisch, Fleisch, Schrippen, Obst, Schreibwaren und Wein. Von der Schraube bis zur Schuhsohle gibt es in dem roten Klinkerbau alles.

Hinter der Markthalle ist die Einkaufsmeile zu Ende. Am Marheinekeplatz haben die Restaurants die Läden hinter sich gelassen. Dort kann man nur noch essen und trinken. An Sommertagen sitzt der Kiez in den Vorgärten von »Tres Kilos«, »Locus« und »Zagato«. Während auf der Nordseite des Platzes Nachos und Guacamole serviert werden, stehen gegenüber Wiener Schnitzel und Pasta auf den Speisekarten.

So multikulti wie das ganze Viertel gibt sich auch die Passionskirche. Ob Gospel, Jazz oder Folk – die Kirche ist Gotteshaus, Bühne und Kieztreff unter einem Turm.

Nach Malchow auf Schusters Rappen wie weiland Fontane

Auf seinen »Wanderungen durch die Mark Brandenburg« zog es 1878 – genau eine Woche vor Weihnachten – einen älteren Herren neugierig gen Malchow. Es war Theodor Fontane (1819–1898). Vom Alex mit der Pferdebahn vergnüglich bis zur Endstation am Weißen See, dann mußten »Schusters Rappen aus dem Stall«, fabulierte der Dichter.
Auf Fontanes Spuren von 1878 könnte es sich der vorweihnachtliche Wanderer heutzutage bequemer machen. Er tut es. Die »Elektrische« nimmt ihn in Weißensee ein

ganzes Stück weiter mit, bis zur Kreuzung Berliner Allee/Rennbahnstraße. Dann rein in den 259er Bus, der ihn bis Malchow schaukeln würde. Doch halt, unterwegs steigt er aus.

»Nordwest und Schneegestöber« auf Fontanes Weg; heuer schütteln Regenböen den Schirm. Noch immer stehen »Chausseepappeln wie nach oben gekehrte Riesenbesen« da. Die winterschlafene Landschaft gähnt genauso »trist und öde« vor sich hin. Im Sommer zeigen sich die weiten Wiesen und Felder dafür von ihrer besten Seite.

Was Fontane im Dezember 1878 nicht ahnen konnte, rechterhand pellt sich aus dem Dunst die Plattenbau-Skyline von Hohenschönhausen heraus. 1985 war dem neuen Bezirk das altehrwürdige niederbarnimsche »Dörp« Malchow – 1344 erstmals urkundlich erwähnt – per Federstrich quasi geschenkt worden. Bis dato gehörte es zu Weißensee.

»So voller Leben war die große Straße«, schwärmt der Dichter. Dabei umwehte ihn gemächlicher Verkehr, »in langer Reihe folgten sich die Gespanne«, die vom Malchower See »her hochaufgetürmte Eismassen zur Stadt fuhren«. Sommers wären ihm damals »Krauter« mit Gemüsefuhren für die Berliner Märkte entgegengekommen.

Auf der heutigen »B 2« muß der Wanderer höllisch aufpassen. Ununterbrochen zischen Pkw und schwere Laster vorbei. Sie zerschneiden Malchow, das schon lange keine bäuerliche Idylle mehr ist. Neugierige Entlein oder Gänse wagen keinen Ausflug über die langgestreckte Dorfstraße. Täglich 30 000 Autos, Stau und Lärm nerven alle Bewohner. Mancher hat die Vision: Asphalt raus, Kopfsteinpflaster wieder rein!

Picobello hatte die DDR die Trasse hinterlassen. Was wunder, war diese doch Teil der Protokollstrecke, auf der sich

die SED-Prominenz zwischen Parteizentrale in Ostberlin und Residenz Wandlitz in Nobelkarossen hin und her kutschieren ließ.
Zum Leidwesen der 750 Malchower wird das Dorf nicht nur vom Verkehr erdrückt, sondern auch von futuristisch anmutenden Hochspannungsleitungen, schon mehrfach Todesfalle für Storchennachwuchs.
Malchow ist seit den achtziger Jahren neben dem Hohenschönhausener Ortsteil Falkenberg Berlins einzige Storchenidylle. Auf einem ausgedienten Schornstein bei der Naturschutzstation an der Dorfstraße 35 feiert Familie Adebar stets im April Hochzeit, und ihr Nest wird zur Kinderstube.
Den »Laternenturm« auf der Dorfkirche, der Fontane einst den Weg wies, suchen die Augen nunmehr vergebens. Samt Gotteshaus hatte ihn 1945 die Wehrmacht auf ihrem Rückzug vor der Roten Armee in die Luft gejagt. Heute läuten die Glocken aus einem Holzgerüst zu ebener Erde. Der Dichter lief erst in den »guten und sichern Hafen« des »freundlichen Pfarrers« Adalbert Hosemann ein, nachdem er gegenüber beim griesgrämigen Schulmeister mit »Donnerworten« abgeblitzt war. Der Besucher von heute wendet sich gleich an die »höhere Instanz des Pfarrhauses«. Von dort aus betreut schon an die 20 Jahre lang Albrecht Hoffmann als 27. Malchower Seelsorger seit der Reformation seine »Schäfchen«. Er erzählt gleich eine pikante Geschichte aus dem Absurditätenkabinett der DDR: »Unser neuer Gemeindesaal mußte 1952 auf Geheiß der Staatsmacht so gebaut werden, daß er nach dem vom SED-Evangelium gepredigten ›gesetzmäßigen Absterben der Kirche‹ sofort als sozialistisches Kulturhaus hätte dienen können.« Der Pfarrer vergnügt: »Die Kirche lebt immer noch.«

An Gastfreundschaft steht er seinem Amtsbruder aus Fontanes Zeiten in nichts nach. Gern öffnet er einem Fremden seine »Schatzkammer«. Gerettete Sakralgegenstände kommen zum Vorschein: eine alte Taufschale, zwei barocke Hostiendosen und das kostbarste Stück, ein silberner Abendmahlskelch von 1606.
Der Wanderer möchte gern auch dem zeitgenössischen Schulmeister begegnen. Im – wie der Dichter schreibt – »maison rouget« vis-à-vis vom grauen Pfarrhaus findet er ihn nicht. Die einst lehmrote Einklassenpenne ist seit fast 100 Jahren eine Metzgerei. Der Fleischermeister schwört im Gegensatz zu seinen Nachbarn auf die Autolawinen, bringen sie doch Kundschaft auch von außerhalb. Nebenan bittet das einzige Wirtshaus von Malchow zur Einkehr. Hausmannskost wird dem hungrigen Gast aufgetischt.
Gut gesättigt muß der Wanderer nur wenige Schritte bis zum einst sogar königlichen Schloß zurücklegen, jetzt Sitz von Gartenbauforschern der Humboldt-Universität. Fontane lief dran vorbei. Ein schillernder preußischer Minister hatte das Gutshaus 1684 erworben: Paul von Fuchs (1640–1704). Er war »spiritus rector« des Hugenottenedikts, das 1685 den in Frankreich verfolgten Protestanten Bürgerrechte und Religionsfreiheit in der Fremde garantierte.
In dem herrschaftlichen Haus pflegte der Lieblingsdiplomat von Friedrich I. freundschaftlichen Umgang mit seinem König. Genau diesem Mann wollte Fontane eigentlich nachspüren. Aber die Familiengruft derer von Fuchs auf dem Kirchhof war schon 1878 verschüttet.
Und der Schulmeister? Der läuft dem Wanderer der Neuzeit am Ortsausgang Richtung Berlin doch noch über den Weg – und zwar in der Knirpsenfarm der »Grundschule im Grünen«, wo sich Lämmer, Ziegen, Hühner und Sitti-

che tummeln. In soviel ländlichem Frieden ist kein Donnerwort zu vernehmen. Tobias Barthl, mit Ohrring und Pferdeschwanz das glatte Gegenteil von Fontanes Kantor. »Freundliche Besucher sind uns stets willkommen.« Fontane zum Schluß seines Reiseberichtes: »Ein entzückender Tag … das Leben hatte bunt und vielgestaltig zu mir gesprochen.« So ist es noch immer.

Nach den Hausbesetzern kamen die Yuppies

»Leute, kauft Rosen für'n Zehner«, krakeelt der Riese mit grüner Schürze. Der Bärtige am Stand gegenüber ist auch nicht auf den Mund gefallen. Lauthals preist er seinen Käse an. Mittwochs und sonnabends ist Markt auf dem Schöneberger Winterfeldtplatz – Freiluftschau und Szenetreff zugleich.
Am Fuße des Turms der katholischen St.-Matthias-Kirche drängeln sich Ökos, Lesben, Schwule und »Normalos«. Die

meisten wohnen im Kiez. Längst aber zieht der traditionsreiche Markt auch Besucher aus anderen Bezirken an. Strümpfe, Eier, Kokos-Seife und Knöpfe wandern in die Rucksäcke. Neben Frauen in schrillen Miniröcken laufen kopfbetuchte Türkinnen, Kinder wuseln durch die Gassen. Der Winterfeldt-Markt gleicht so eher einem großen Straßenfest, das sich auch Touristen nicht entgehen lassen.
Nachdem die letzten Kilo Spargel zu Schleuderpreisen über die Tische gegangen sind, packen die Händler am Nachmittag zusammen. Die umliegenden Cafés im Häuserkarree zwischen Maaßen- und Goltzstraße nahe dem U-Bahnhof Nollendorfplatz sind brechend voll. An sonnigen Tagen stehen die Stühle vom »Sidney«, »Belmundo« und »Berio« bis zur Fahrbahn. Lehrer, Familien, junge Türken, Grüne, die hier honorig ergrauen, und zugezogene Yuppies mit Handy nippen, die Einkaufstüten zwischen die Füße geklemmt, an ihren Kaffeetassen oder Biergläsern.
Am Winterfeldtplatz-Kiosk warten währenddessen zwei Jungen ungeduldig darauf, daß die Wagen der Berliner Stadtreinigung die Überreste des Marktes weggekehrt haben. Die beiden sind die ersten, die den Platz in ein Hockey-Feld verwandeln werden. Bis zum Abend brettern Kinder, Jugendliche und Erwachsene auf ihren Inline-Skates über den Asphalt.
Nicht immer ging es am Winterfeldtplatz so vergnüglich zu. Anfang der 80er Jahre tobte der Häuserkampf, nachdem haufenweise alte und billige Wohnungen abgerissen worden waren. 14 Häuser wurden in dem Areal besetzt. Besetzer und Bürgerinitiativen wetterten gegen Luxus-Sanierung und Mietsteigerung. Verhindern konnten sie sie nicht.
Zu schweren Krawallen kam es am 22. September 1981,

als der damalige Innensenator Heinrich Lummer Häuser räumen ließ, auch drei an der Winterfeldtstraße. Da brannten Bauwagen, Steine flogen durch die Luft. Bei einem Polizei-Einsatz auf der Bülowstraße gegen Hunderte von Demonstranten, die gegen die Räumungen protestierten, wurde der 18jährige Klaus-Jürgen Rattay von einem Bus erfaßt und tödlich verletzt.

Mit der Sanierung veränderte sich das Straßenbild. Kleine Handwerksbetriebe verschwanden. Feine Boutiquen, Edel-Kost- und Schuhläden zieren jetzt den Ort. Das ehemalige Hausbesetzerviertel ist schick geworden und hat sich zu einer begehrten Wohngegend gemausert. Dächer wie im Haus an der Ecke Maaßen- und Winterfeldtstraße wurden fürstlich ausgebaut, Yuppies parken ihre Luxuslimousinen vor dem Café »Sidney«.

Auf der Ostseite des Winterfeldtplatzes sieht es aus, als sei der Krieg gerade erst vorbei. Hinter einem Zaun erhebt sich die »Ruine«, die bis 1995 noch bewohnt war. Jetzt stapelt sich im Garten des früheren »Ruine«-Cafés der Müll. Vom benachbarten Puppentheater »Hans Wurst Nachfahren« blickt man auf fensterlose Rahmen. Seit Jahren soll das Grundstück verkauft und zu einem Park umgestaltet werden. Eigentümer und Land Berlin konnten sich jedoch lange Zeit nicht über den Kaufpreis einigen.

Neben den alten Mauern ist ein Wohn- und Geschäftshaus nach Entwürfen Hinrich Ballers entstanden. Von ihm stammen auch die Pläne für die gläserne Sporthalle mit integrierter Kita an der Ecke Gleditsch- und Pallasstraße. Aber gebaut wird auf Raten. Das Gelände ist seit Jahren teure Dauerbaustelle.

Die südliche Goltzstraße ist die eigentliche Amüsiermeile des Kiezes. Reiseführer machen sie mit ihren vielen Kneipen, Antiquitätenläden und indischen Fast-Food-Tempeln auch Berlin-Besuchern schmackhaft. Ins Café »M.« oder ins »Goltz« ist wohl jedes Nachtlicht schon mal eingekehrt. An warmen Sommertagen ist es schwer, vor den Kneipen einen freien Stuhl zu ergattern. Der ganze Kiez scheint auf der Straße zu sitzen und sich zu einem Plausch verabredet zu haben.

Es wächst zusammen – Neue Brücken zur Insel vor der Insel

Steinstücken ist noch immer etwas Besonderes. Um den Zehlendorfer Vorort mit seinen Landhäusern und 80er-Jahre-Neubauten schlängelt sich eine unsichtbare Linie: Die Ex-Grenze, die von 1945 bis zur Wende das 13 Hektar große, zu West-Berlin gehörende, aber auf DDR-Gebiet liegende Fleckchen umgab und zur »Insel vor der Insel« werden ließ.

Per Schlagbaum versperrten von 1951 bis 1972 russische Soldaten und DDR-Grenzposten den Zugang. Nur ein

Trampelpfad und Grenzkontrollen blieben den Einwohnern, ehe 1972 mit der Bernhard-Beyer-Straße ein Korridor eröffnet wurde.

Das alles sitzt tief in den 300 Steinstückenern. Tore, Brükken, Übergänge und Sperrungen, ob vorhanden oder nicht, sind immer noch Thema für sie. Ebenso wie die zunehmend normal werdenden Kontakte mit den Bergstükkener Nachbarn auf der einst fremden, der Babelsberger Seite.

Da ist das Tor am Ende des Johannes-Niemeyer-Weges, einer Sackgasse. »Kein Durchgang – Privat« droht das Schild, wo Brandenburger Land beginnt. Doch davon läßt sich niemand abschrecken, denn das Tor ist nicht abgeschlossen.

Liedersingend trappelt eine Kindergruppe nebst Eltern zum neuen Spielplatz aufs verbotene Terrain – Richtung Potsdam, Ortsteil Babelsberg, Kolonie Bergstücken. »Der Besitzer hofft wohl, daß ihm Berlin oder Potsdam den Streifen abkaufen«, kommentiert eine Steinstückenerin die Grenzposse neudeutscher Art. Denn auf Potsdamer Seite ist ein neuer Fußweg längst gepflastert und wartet auf Anschluß zur Steinstückener Seite. Aber noch gilt: Ist der Besitzer mißgestimmt, kann er die Direktverbindung zur Parforceheide dichtmachen. Schlüssel genügt.

Elke Hammer, hinter Charlie an der Hundeleine, bescherte die rege Kontaktpflege ihres Vierbeiners neue Mitspaziergänger und ihrem in Steinstücken aufgewachsenen Mann das Wiedersehen mit einem Schulkameraden. 1951 drückten Reinhard Hoffmann und Wilfried Hammer als Achtjährige gemeinsam die Bank in der ehemaligen »Waldschule« auf Brandenburger Terrain.

Daß heute ausgedehnte Spaziergänge auf dem Grenzweg möglich sind, verdanken Mensch und Hund der Wende, aber auch der Widerspenstigkeit der Steinstückener. Einhundert selbstgepflanzte und -bezahlte Eichen entlang des Grenzwegs erinnern an den Bürgerprotest von 1992 gegen den Ausverkauf von Mauergrundstücken. Der Weg durch das Landschaftsschutzgebiet Parforceheide lockt Spaziergänger und Radler bis zum Teltowkanal und nach Albrechts Teerofen. Für eilige Pendler ist er die schnellste Verbindung zum »wiedergewonnenen« S-Bahnhof Griebnitzsee.

Die Stahnsdorfer Brücke, zu Mauerzeiten interne Steinstückener Verbindung, erschließt jetzt ein viel weiteres Gebiet. Eine Blechlawine wälzt sich gen Babelsberg. Unbeachtet steht das Tempo-20-Schild. »Weil in Drewitz fast immer die Bahnschranken unten sind, nehmen ortskundige Autofahrer gleich den Weg durch Steinstücken«, ärgert sich Wilfried Hammer. Früher schauten höchstens Berliner Motorradfahrer oder Bustouristen mit dem »A 18er« vorbei. Sie ließen sich vom letzten kalten Kriegshauch umwehen, etwa am ehemaligen Hubschrauber-Landeplatz der Amerikaner. Deren Präsenz und kleiner Luftbrücke verdankten die Steinstückener von September 1961 bis 1972, daß ihr »unbeugsames, gallisches Dörfchen« nicht von der DDR einverleibt wurde.

»Jetzt ist der Tourismus im Ort tot«, kommentiert Sohn Uwe Hammer lakonisch. Der »Taubenschlag«, legendäre und einzige Kaffee- und Kuchen-Oase und Ziel der Ausflüger, überlebte die Wende nur um fünf Jahre.

Zum neuen Treffpunkt wurde dagegen der »Bürgerverein 80« an der Steinstraße. Weil er jahrelang am »Notweg« an der Mauer lag, hat er nicht einmal eine Hausnummer. Dafür steht über dem zweiten Eingang sehr poetisch »Malergarten«, benannt nach dem von 1928 bis 1980 im Ort ansässigen Künstler Johannes Niemeyer.

»Früher waren selbst Neuköllner Mitglieder und verbrachten die Sonntage hier draußen«, erinnert sich Brigitta Roßnagel vom »Bürgerverein«. »Westberliner traten nach der Wende aus, dafür ist jetzt ein Drittel unserer 80 Mitglieder Babelsberger.«
Das Vereinshaus ersetzt die Dorfkneipe. Dort begegnen sich im sommerlichen Garten bei Bier und Entengeschnatter West und Ost, Alteingesessene und Zugezogene. Eine junge Mutter bringt es auf den Punkt: »Ob Berlin oder Potsdam, das ist ganz egal. Wir sind aus dem Rheinland hergezogen und fühlen uns wohl.«

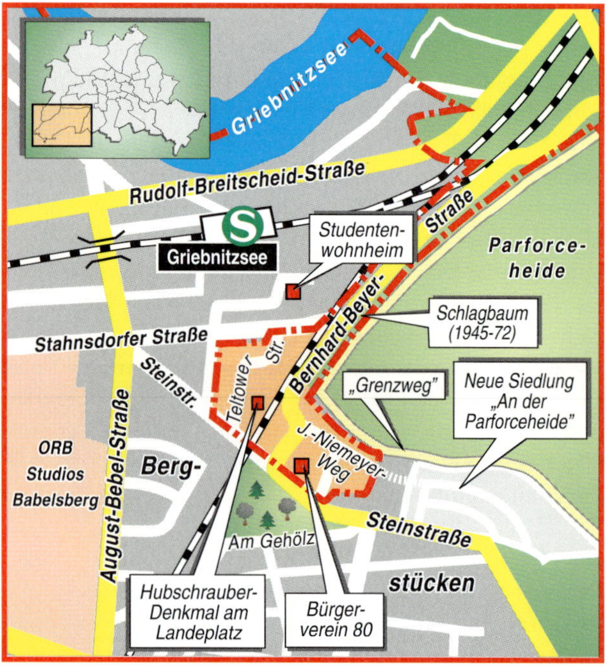

Wo hinter jeder Ecke Heinrich Zilles »Milljöh« lauert

Enge Hinterhöfe, dunkle Wohnungen, verräucherte Eckkneipen. Eine Gegend der einfachen Leute. Berliner lehnen sich aus dem Fenster, auf der Straße spielen Kinder. Heinrich Zilles »Milljöh« begegnet dem Besucher der Lichtenberger Victoriastadt heute noch hinter jeder Ecke. Dort, nördlich der Rummelsburger Bucht, lebte der populäre Berliner Maler (1858–1929) ab 1887 mit seiner Familie. »Von der Türrschmidtstraße zogen sie später an den heutigen Tuchollaplatz, ins Zentrum des Kiezes«, berichtet Christine Steer, Leiterin des Heimatmuseums.

Die Umgebung prägte den »Pinsel-Heinrich«: Erste Radierungen entstanden in dem so treffsicheren sozialkritisch-naturalistischen Stil, der Zille bekannt gemacht hat. »Erst als die photographische Gesellschaft, für die Zille arbeitete, nach Charlottenburg umzog, siedelte er notgedrungen mit um«, sagt Steer.

Doch den Geburtsort seiner drei Kinder behielt Zille in guter Erinnerung: Die Türrschmidtstraße, die Bahndämme und Viadukte, die den Kiez wie Festungsmauern von der »Außenwelt« abgrenzen. Einer Insel gleich schmiegt sich die 22,8 Hektar große Victoriastadt an die Trassen von S- und Fernbahn.

Der Südwestzipfel des Bezirkes Lichtenberg ist benannt nach der ehemaligen Königin von Großbritannien. Grund: Die Plüschfabrikanten-Brüder Lehmann, die den größten Teil des Geländes 1872 kauften, unterhielten gute Geschäftsbeziehungen mit England. »Als Teilhaber der Berliner Cement Bau AG ließen die Lehmann-Brüder um 1870 die ersten 60 Berliner Betonhäuser errichten – aus Zement, Sand und Schlacken, neuartig in Deutschland«, blickt Experte Jan Feustel zurück.

Die »Beton-Bauten« mit dünnen Mauern fanden aber nur wenig Gegenliebe – wegen des schlechten Raumklimas. Heute stehen noch sechs Betonhäuser in der Arbeiterkolonie: Das älteste an der Türrschmidtstraße 20 verfällt zusehends, inzwischen saniert ist die Spittastraße 40, wo u. a. soziale Einrichtungen ihr Domizil haben.

Der Kiez erlebt einen Wandel: Neben Mietskasernen für »die am ungünstigsten situierten Personen«, wie es damals offiziell hieß, stehen heute zunehmend sanierte Alt- und Neubauten. »Eine ruhige, beschauliche Wohngegend mitten in Berlin«, resümiert Dieter Sämann (44), Sprecher der Betroffenenvertretung. Er wohnt seit 1980 im Kiez.

Hier gibt es noch »Tante-Emma-Läden«. Allerdings machen immer mehr dicht. Auch der Wochenmarkt auf dem Tuchollaplatz wurde wieder eingestellt. Die Kaufkraft der zumeist alten Bewohner ist zu gering. 17 Prozent der 2429 Bewohner sind arbeitslos, ebenfalls 17 Prozent haben keine Berufsausbildung. Die Einkommensverhältnisse entsprechen knapp dem Mittel aller Ost-Bezirke: 2980 »Mark Haushalts-Netto-Einkommen, 1300 Mark pro Kopf.

Die nach der Wende befürchtete Luxussanierung und das Verdrängen der angestammten Wohnbevölkerung ist ausgeblieben. Zwar stellte die Senatsbauverwaltung 1994, als die Victoriastadt Sanierungsgebiet wurde, Investitionen von 460 Millionen Mark in Aussicht, doch der Sparhammer zwingt, die Ausgaben zu strecken. Sämann: »Grünflächen und Straßenbau fehlen bis 2001 in der Investitionsplanung.« Das lockt kaum neue Mieter an.

Sämann schätzt, daß rund zehn Prozent aller Wohnungen leerstehen. »Wer es sich leisten kann, verläßt die maroden Häuser und zieht ins Grüne«, sagt Manuela Bild, Obst- und Gemüsehändlerin an der Kaskelstraße 29. Sie ist die gute Seele des Kiezes: Ihr Laden ist Treffpunkt und Nachrichtenbörse.

Schlagzeilen lieferte zu Beginn der 90er Jahre die benachbarte Pfarrstraße. Polizei-Hundertschaften mit Blaulicht rücken nicht mehr an, denn Hausbesetzer wurden zu Hausbesitzern. Das letzte besetzte Haus in Berlin an der Pfarrstraße 104 wurde im März 1998 geräumt. Der Verein Sozialdiakonische Jugendarbeit Lichtenberg leitet Jugendliche ohne Schulabschluß an, ihre künftigen Wohnungen selbst zu sanieren.

Der Sozialarbeit mit Obdachlosen, Drogensüchtigen und Außenseitern wurde inzwischen sogar Anerkennung aus konservativen Kreisen zuteil: Die Deutsche Bank Stiftung

Alfred Herrhausen überreichte 190 000 Mark.
Davon flossen 70 000 Mark in das Restaurant »Am Kuhgraben« an der Pfarrstraße 111. Dort erhalten zwölf Jugendliche eine Ausbildung zum Koch oder Kellner. Das Essen ist gut, die Preise moderat. »Die Gaststätte gilt bei den Bediensteten der umliegenden Bezirksamts-Dienststellen als Geheimtip«, meint ein Sozialarbeiter.
Ein paar hundert Meter weiter westlich eine andere Welt: Rund 5000 Mitarbeiter der Bundesversicherungsanstalt für Angestellte (BfA) – mehr als doppelt so viele Menschen wie der Kiez Einwohner hat – arbeiten im nahegelegenen Dienstleistungszentrum Ostkreuz in prächtig sanierten Backsteinbauten. Ob sie dort auch leben wollen? Dafür müßte im grauen Arbeiterquartier noch viel passieren.

»Im Wald ist hier mehr los als auf der Bahnhofstraße«

Es ist voll und laut am S-Bahnhof Köpenick. In den Wagen, auf dem Bahnsteig, auf den Treppen. Die Menschen, die nach Feierabend oder am Wochenende ins Freie strömen, sehnen sich nach Ruhe. Die einen wollen in ihr nahes Zuhause im Siedlungsgebiet nördlich der Bahnlinie, die anderen in den Wald dahinter. Gemeinsam ist Bewohnern und Ausflüglern die Art der Fortbewegung: In Köpenick Nord fährt man Rad.

Märchensiedlung, Elsengrund, Uhlenhorst und Dammfeld heißen die kleinen Siedlungen, und auf ihren Straßenschildern begegnen sich Rotkäppchen, Schneewittchen und Frau Holle. Die Idylle läßt grüßen. Wenn die Geschichte nicht wäre. Denn genau hier nahm das Gemetzel der Köpenicker Blutwoche seinen Lauf. Am 21. Juni 1933 verhafteten die Nazis von der Straße weg namhafte Mitglieder von Gewerkschaften, SPD und KPD. Viele wurden gefoltert, mindestens 23 getötet. Namen wie Schmausstraße, Essenplatz oder Stellingdamm erinnern an sie wie auch einige Gedenktafeln.
Die meisten Bewohner haben stets ihr Rad griffbereit. Ohne läuft gar nichts. Bei Wind und Wetter sind sie damit unterwegs. Kein Wunder, schafft man es doch mit dem Drahtesel in zehn Minuten nach Friedrichshagen, um in der Bölschestraße einzukaufen oder im Müggelsee zu baden. Auch für einen Trip zur Shopping-Meile Bahnhofstraße mit dem Einkaufstempel »Forum Köpenick« gibt es kein besseres Verkehrsmittel als das Rad.
Und von dort ist es nur ein Katzensprung in die Köpenicker Altstadt mit dem 1901 bis 1904 erbauten Rathaus. Das Gebäude im Stil der märkischen Backsteingotik wurde durch den Schuster Wilhelm Voigt weltberühmt. Der hatte 1906 als »Hauptmann von Köpenick« den Bürgermeister verhaftet und die Stadtkasse gestohlen.
Köpenick Nord entstand zwischen 1910 und 1929 in Form der vier Siedlungen, die längst zusammengewachsen sind. Damals platzte Köpenick durch den Zuzug von Unternehmen und großstadtmüden Berlinern aus allen Nähten. So wurde das Areal nördlich der »Königlich-Niederschlesisch-Märkischen Eisenbahn« besiedelt. Zwei Magistralen durchqueren das Gebiet: die Mahlsdorfer Straße nach Hellersdorf und die Kaulsdorfer Straße nach Marzahn.

Östlich der Mahlsdorfer Straße gibt es nicht einmal einen Bus. Der Kiez ist eine reine Wohngegend. Ein- und Zweifamilienhäuser reihen sich aneinander, dazwischen immer wieder hohe Kiefern und uralte Eichen. Mülltonnen stehen brav in Reih und Glied, Gaslaternen zieren noch die Straßenränder. An ihnen fegen die Anwohner sorgfältig je nach Jahreszeit Laub oder Schnee zu Häufchen zusammen. Man kennt sich, plauscht am Gartenzaun, hebt grüßend die Hand.

Die Siedlung Elsengrund, von Otto Rudolf Salvisberg erbaut, steht unter Denkmalschutz. Städtebaulich war sie einst ein Novum – eine Gartenstadt vorwiegend für Arbeiter und kleine Angestellte. Noch heute sind die Torbögen am Stellingdamm vorhanden, Anfang und Ende der Zufahrtsstraße mit einst kleinen Läden darin.

Vom Essenplatz gehen bogenförmig weitere Straßen ab. Gleich hinter den letzten Häuserreihen fängt der Wald an. In DDR-Tagen wurde die idyllische Siedlung zum beliebten Rückzugsgebiet für namhafte Künstler und wohlhabende Handwerker. Schauspieler, Schriftsteller, Maler wohn(t)en hier neben Bäckern und Maurern. Die Wende brachte auch gutverdienende junge Familien dazu, sorgte für soziale Mischung.

Bei schönem Wetter ist im nahen Wald mehr los als auf der Bahnhofstraße. Mit Kind und Kegel, Hund und Fahrrad tummeln sich die Großstädter im Grünen. Im Winter kann man das Wild bei der Fütterung beobachten. Doch die einstige Scheu ist verschwunden. Heutzutage ziehen schon mal Wildschweinrotten durch die Straßen.

Aber nur im östlichen Teil der Siedlung. Je weiter westlich man kommt, desto städtischer wird die Gegend. Dreigeschossige Neubauten wuchsen nach der Wende an der Mühltaler Straße und sorgten wegen ihrer ortsuntypischen

Höhe für Protest bei den Anwohnern. Die neuen Möglichkeiten hingegen sieht man gern. Noch weiter Richtung Westen, hinter der Wuhle, breitet sich der Innovationspark Wuhlheide mit seinen Firmen, Büros und Tagungsräumen aus. Dort ist es nicht so beschaulich wie im Märchenviertel, das Fahrrad ein eher seltenes Verkehrsmittel. Die Leute kommen mit dem Auto zur Arbeit. Wer Erholung sucht, radelt lieber durch das Märchenviertel.

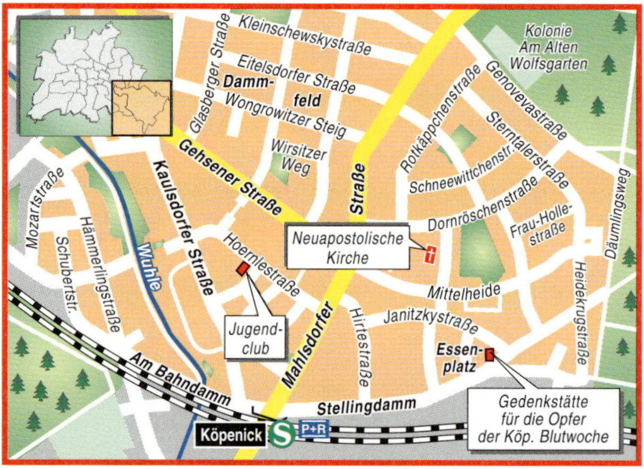

Wo die Lammkoteletts wie Schmetterlinge aussehen

Wenn Menschen aus dem U-Bahnhof Boddinstraße strömen, wird es in den kleinen Imbißläden an der Hermannstraße in Neukölln eng. Dort sitzen deutsche und türkische Berliner über »Roter Linsensuppe« oder »Köfte-Buletten«. Am Tresen stehen Kunden nach Döner-Kebab oder Bier an.

Berliner rümpfen schnell die Nase, denn ein Wunsch-Quartier ist der etwas heruntergekommene Altbau-Kiez rechts und links der Döner-Meile nicht. Auch das berüchtigte Rollberg-Neubauviertel weiter südlich lockt nieman-

den. Die preiswerten Mieten sind es, die neben Berlinern auch Menschen aller Nationen ins Quartier östlich des Flughafens Tempelhof ziehen.
In den Altbauten an der Schillerpromenade, die 1994 hundert Jahre alt wurden, leben allein 20 000 Menschen in 9000 Haushalten. Dort sollten einst in größere Wohnungen und schönere Häuser feinere Leute einziehen. Feiner als die im nahen Rollberg-Viertel, wo 1875 triste Mietskasernen für Arbeiter hochgezogen wurden. In den 70er Jahren wurden sie per Kahlschlag durch Neubauten ersetzt. Doch kein Sanierungsprogramm hat es bisher geschafft, Besserbetuchte anzusiedeln. Die Gegend blieb ein Kiez der kleinen Leute.
Wilhelm Voigt, besser bekannt als der »Hauptmann von Köpenick«, fand kurz vor seinem Coup 1906 Unterschlupf bei seiner Schwester Bertha aus der Kopfstraße 27 im Rollberg-Viertel. Auch nachdem er sich die Köpenicker Stadtkasse in Hauptmanns-Uniform ergaunert hatte, zog es ihn ins ehemalige Rixdorf. Auf dem Bahnhofsklo am heutigen S-Bahnhof Hermannstraße fand man später seinen Degen, an der Emser Straße einen Teil der Hauptmanns-Uniform.
Touristen lernen die quirlig-bunte Gegend rund um die Hermannstraße erst kennen, seit das Mercure Hotel auf dem ehemaligen Kindl-Brauerei-Gelände zwischen Rollberg- und Boddinstraße eröffnet hat.
Berlins Schokoladenseite ist dies nicht. Dafür logiert man nur zehn U-Bahn-Minuten vom Alexanderplatz entfernt. In einer halben Stunde ist man mit dem Taxi am Flughafen Schönefeld und in einer Viertelstunde mit dem Auto am Kudamm.
Im Foyer des Mercure Hotels lassen Charlie Chaplin und Marilyn Monroe als Papp-Kameraden grüßen – Reminis-

zenzen an die Film- und Kinogeschichte. Wo heute das Mercure steht, eröffnete im Februar 1926 der »Mercedes-Palast«, mit 3000 Plätzen damals Europas größtes Kino. Das Riesenkino wurde im Krieg fast vollständig zerstört und mußte danach wiederaufgebaut werden. In den 50er Jahren eröffnete gegenüber ein zweites Lichtspielhaus, das »Roxy«. 20 Jahre später waren beide Kinos schon wieder geschlossen. Im Einkaufscenter neben dem Hotel, gibt es seit 1996 wieder fünf »Rollberg«-Kinos. Neben dem großen Supermarkt und kleineren Läden hat dort auch das »Leopold's« aufgemacht. Seine Weißwürste, »Hax'n« und sein Münchener Bier muten in dieser Gegend fast exotisch an.
Der Kiez stehe auf der Kippe, findet Hajo Rothe, für die SPD im Neuköllner Rathaus. Mit den meisten Arbeitslosen und Sozialhilfeempfängern Berlins sei der Norden Neuköllns ein sozialer Brennpunkt, an dem es zu gefährlichen Rivalitäten zwischen Alteingesessenen und Ausländern kommen könnte. Das Tolle an den Kiezbewohnern sei aber, daß sie ihre Nase nicht so hoch trügen wie andere Berliner.
Woolworth, im denkmalgeschützten ehemaligen Bier- und Tanzpalast »Kindl-Festsäle« aus der Gründerzeit, preist gerade ein verlockendes Sonderangebot an. Die silbernen Kochtöpfe mit goldenen Henkeln sind umringt von Frauen mit Kopftüchern. Einen kleinen Stau gibt es beim türkischen Bäcker in der Herrfurthstraße. Das ofenwarme Fladenbrot ist heiß begehrt. Der portugiesische Pizza-Bäkker von gegenüber bringt dem italienischen Eismann neben dem Türken gerade einen Espresso über die Straße. Man plauscht. An der Fleischtheke werden die Lammkoteletts auf Wunsch deutsch oder türkisch geschnitten. Türkisch heißt: Der Knochenstiel liegt in der Mitte, und das

Filetstück ist aufgeklappt wie Schmetterlingsflügel. Die Neu-Berliner türkischer Herkunft leben von allen Ausländern am längsten im Kiez. Sie blicken skeptisch in die Zukunft, spüren, daß die Zeiten härter geworden sind. Zeitungs- und Weinhändler Cemil Karaduman findet, daß die Ausländerfeindlichkeit zugenommen hat. Mit dem Wort Kiez verbindet er aber das Gegenteil: keine Gewalt, keine Diskriminierung. Ein paar Straßen, wo jeder jeden kennt und das Leben Spaß macht.

Tür an Tür mit Nofretete

Dicht an dicht parken die Reisebusse am Spandauer Damm. Mit Pocket- und Videokameras ausgerüstet, strömen Touristen zum Charlottenburger Schloß. Bei schlechtem Wetter sind nicht nur das Barockschloß und der Park, sondern auch die Museen ringsum ein Magnet. Im Ägyptischen Museum ist Nofretete, gegenüber sind die Gemälde der Berggruen-Sammlung zu sehen. Jugendstil zeigt das benachbarte Bröhan-Museum, und an der Schloßstraße 69 wird im Heimatmuseum die Historie des Bezirks lebendig. Manche schlendern auf dem einladend breiten Mittelstreifen der Schloßstraße Richtung Sophie-Charlotte-Platz. Berlins gewiefteste Boule-Spieler werfen hier bei schönem Wetter ihre Kugeln über den Sand.

Vor der denkmalgeschützten Villa Nr. 67, einem prächtigen neoklassizistischen Gründerzeit-Haus, halten Spaziergänger schon mal an. Baumeister Georg Töbelmann errichtete die Villa für einen Ziegeleibesitzer 1873–74. »Als wir Ende der 40er Jahre hier einzogen, gab es auf dem Hof noch Pferdeställe«, erinnert sich die Besitzerin. Auf dem Mittelstreifen und im Schloßpark bauten die Menschen in der Nachkriegszeit gegen den Hunger Kartoffeln und Rüben an.

Im Schloß stand kaum mehr ein Stein auf dem anderen. 1943 war die Sommerresidenz der Königin Sophie Charlotte (1668–1705) bei einem Luftangriff zerbombt worden. In den 50er Jahren baute man das Schloß wieder auf. Die »schiefen Häuser« auf dem sogenannten »Nassen Dreieck« zwischen Hebbel- und Fritschestraße sorgten jahrzehntelang für Schlagzeilen. Wo sich früher der königliche Karpfenteich befand, faulten die Pfähle und ließen die Fundamente der alten Häuser auf dem morastigen Grund sacken.

Westlich der Schloßstraße erstreckt sich südlich des Klausenerplatzes der »Kleine Wedding«. Anfang der 70er Jahre beauftragte das Land Berlin die Wohnungsbaugesellschaft »Neue Heimat«, Häuser im Kiez zu kaufen und zu sanieren. Beinahe 40 Prozent der Kiezbewohner wurden in moderne Neubauwohnungen oder Altenheime umgesetzt, Hinterhäuser und Quergebäude abgerissen. »Nach der Sanierung waren die Wohnungen so teuer, daß sie sich niemand mehr leisten konnte«, erzählt ein Geschäftsmann. Mieterinitiativen gründeten sich, die ersten Häuser wurden besetzt. Im Kiez rund um die Schloßstraße wurde zum ersten Mal »behutsame Stadtsanierung statt Kahlschlag« praktiziert. Viele Besetzer von damals haben »ihre« Häuser inzwischen gepachtet oder als Genossenschaft gekauft. Alteingesessene bedauern, wie sich der Kiez seit den 70er Jahren verändert hat: Es herrsche »gedämpfte Stimmung«,

die hohe Arbeitslosigkeit mache sich bemerkbar. Viele Läden stehen leer.
Auf dem Klausenerplatz ist dienstags und freitags Markt. Dorthin verirren sich kaum Touristen. Sie bewundern die buntgestrichenen Fassaden der klassizistischen Häuser, kehren in Schloßnähe im »Eosander«, nebenan in der »Opera italiana« oder in der Gasthausbrauerei »Luisenbräu« ein. Dann steigen sie am Sophie-Charlotte-Platz in die U-Bahn oder den geparkten Reisebus und fahren weiter – zur nächsten Station im Berlin-Programm.

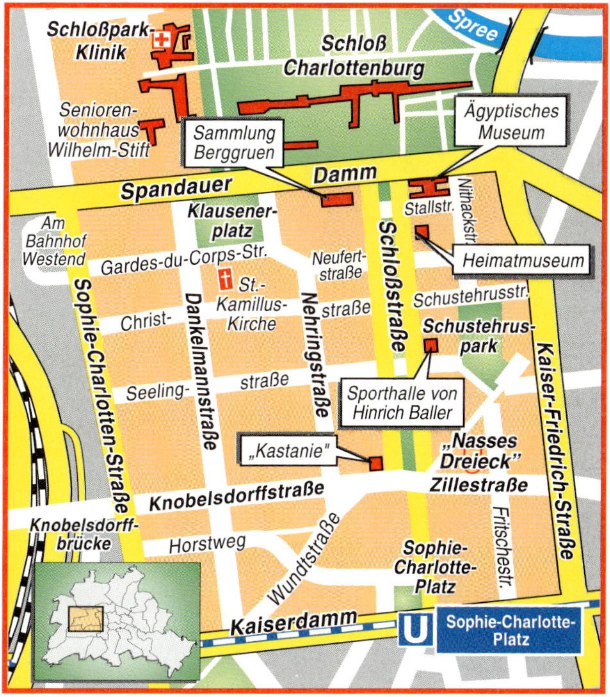

Dorado der Freizeitreiter und Naturfreunde

Unterricht in der fünften Klasse der Platanengrundschule. Außer der Reihe gibt es heute Heimatkunde: Blankenfelde, das denkmalgeschützte Dorf im Norden von Pankow, was hat es Besonderes? 28 Hände schnellen in die Höhe: »Die Luft ist sauber, nicht so verpestet wie in der Stadt«, sagt Martin. »Wir sind umgeben von Bäumen und Feldern. Und wir haben viele Pferde«, schwärmt Daniela. »Wir können seltene Pflanzen und Tiere beobachten«, erzählt Inka über das nahe Naturschutzgebiet Kalktuffgelände Tegeler Fließ, wo sogar Orchideenarten wie das Knabenkraut gedeihen.

Die Schüler einer der kleinsten Grundschulen Berlins genießen geradezu paradiesische Bedingungen an ihrer Schule im Grünen. Zum Biounterricht geht es kurz vor die Tür: Besuche beim Bauern, Schäfer, Imker oder im Naturschutzgebiet.
Schon die Eltern und Großeltern der Steppkes von heute haben die über hundertjährige Platanengrundschule besucht. Unter ihnen wuchs dabei auch manches Talent auf. So der Verhaltensforscher Prof. Günter Tembrock. Er hat sich das größte Tierstimmenarchiv Europas angelegt und wurde bekannt durch seine Schallplatten mit Vogelstimmen, aufgenommen in Blankenfelde. Schon als Schüler hat Tembrock Gewölle von Greifvögeln der Umgebung untersucht, und noch heute jagen hier Habicht, Bussard, Waldkauz und Schleiereule. Verschwunden sind hingegen mittlerweile die Sumpfohreule und der Steinkauz, wegen der allgemeinen Umweltbelastung, vermutet der Verhaltensforscher.
Die Geschichte Blankenfeldes reicht viel weiter zurück. Gegenüber der Schule, an der Schildower- Ecke Hauptstraße, steht der wohl älteste Zeuge der Dorfgeschichte, die Kirche aus großen Feldsteinen. »Wir schätzen, daß sie zwischen 1260 und 1280 gebaut wurde«, erzählt Pfarrer Ludwig Burmeister. »Erstmals wird unser Dorf 1375 im Landbuch Kaiser Karls IV. erwähnt.« 1882 erwarb Berlin das Gut, um Rieselfelder anzulegen. Noch heute besitzen die Berliner Stadtgüter einige mächtige Gutshäuser und Scheunen an der Hauptstraße. Die großen Backsteinhäuser in der Hauptstraße 15 und 17 aus der Zeit um 1890 zeugen davon, wie die Menschen hier einst gelebt haben: In ihnen waren früher die Gutsarbeiter untergebracht. Zum Waschen ging es auf den Hof. Heute leben die Mieter meist in zusammengelegten, größeren Wohnungen. Und

die ehemaligen Waschküchen und Badestuben auf dem Hof wurden zum Kaninchenstall oder zur Garage umfunktioniert.

Anders als das herausgeputzte Lübars im Bezirk Reinikkendorf bietet Blankenfelde mit seinen etwa 360 Einwohnern eine Dorfidylle mit Brüchen: verlassene, vor sich hingammelnde Gutshäuser, Unkraut, das sich auf den Wegen breit macht, verrostete schmiedeeiserne Zäune. Verblaßte Schriftzüge an den Fassaden wie »Kolonialwaren« und »Schützenhaus« weisen auf ein einst geschäftiges Dorf hin. »Hier könnte man mehr daraus machen«, meinen dann auch einige Bewohner und vermissen vor allen Dingen Einkaufsmöglichkeiten.

Ein Gewerbe boomt aber: Viele Kfz-Werkstätten sind in die alten Scheunen gezogen, oft in unmittelbarer Nachbarschaft zum zweiten Standbein des Dorfes, den Pferden. Manchmal gucken die Ein-PSler den Mechanikern über die Schulter, wenn diese an den 60-PSlern herumschrauben. Auf dem Hof der Lindners an der Hauptstraße 43 zum Beispiel betreibt Vater Gerhard eine Pferdepension. Sohn Detlef hat eine Kfz-Werkstatt.

»1987 habe ich das erste Pferd aufgenommen. Nach der Wende haben wir ausgebaut«, erzählt Gerhard Lindner. Jetzt verpflegt er wie die anderen ehemaligen Bauern auch, bis zu zehn Tiere, deren Besitzer aus ganz Berlin zum Reiten kommen.

Die Rösser spielten schon immer eine wichtige Rolle im Dorf. »Früher haben uns die Ackergäule ernährt, sie haben schwere Arbeit auf dem Feld geleistet«, erinnert sich Marlene Lindner. »Heute ernährt der Mensch das Pferd.« 1951 wurde der Blankenfelder Reiterverein gegründet. »Die Arbeitspferde der Bauern sorgten damals für das Wochenendvergnügen«, erklärt Vereinsvorsitzender Reiner Brandt.

Das Dorf sei ohne die Vierbeiner nicht vorstellbar. »Sie sind die Grundlage für die Landwirtschaft.« Pferdefutter gedeiht rund um Blankenfelde.

Brandt schätzt, daß es heute etwa 70 Pferde in Blankenfelde gibt. Kein Wunder also, daß in einigen Vorgärten Ponys statt Gartenzwerge zu Hause sind. Vor dem Haus des Künstlerpaares Mields-Kratochwil stehen jedoch Skulpturen. Seine »Weideunfälle« stünden hinten im Garten, scherzt Felix Mields, für den das Pferd zum Hof gehört wie Katze, Hund und Hängebauchschwein.

Felix und Liz Mields-Kratochwil haben das ehemalige Gehöft an der Hauptstraße 56 zu einem Künstlerhof umgestaltet. Er beherbergt Malateliers, Bildhauer- und Töpferwerkstatt sowie einen Verkaufs- und Ausstellungsraum. Sie bieten Kurse in Töpfern, Malen und Bildhauen an.

»Wir sind 1982 von Prenzlauer Berg hierher gezogen, weil wir hier das machen konnten, was wir wollten«, erklärt Liz. Die beiden haben lange gebraucht, sich einzuleben. Heute sind sie mit dem Dorf verwurzelt. »Die Dorfstruktur und die Natur sind einmalig, Rehe und Fasane kommen bis ans Haus«, schwärmt Felix.

Erkunden läßt sich das überschaubare Blankenfelde am besten zu Fuß, entweder quer durch das Dorf, die Hauptstraße entlang oder einmal die »Außenansicht« genießen und über Wanderwege Blankenfelde umrunden. Vorbei an Tümpeln und Pferdeweiden immer mit Blick auf den Kirchturm. Für eine kleine Rast gibt es zwei Gaststätten: das alte »Gesellschaftshaus« an der Hauptstraße 35 oder die neuere »Blaue Ente« in der Schildower Straße 3, beide mit Terrasse. Die »Blaue Ente« vermietet auch Zimmer.

Am besten reist man mit dem Pkw über die 96 a aus Pankow an oder mit der Buslinie 107.

Zusatztip: An der 96 a (Blankenfelder Chaussee), kurz vor dem Dorf, liegt die Botanische Anlage Blankenfelde. Sie wurde ursprünglich 1909 als Schulgarten angelegt. Heute bietet der Park auf 34 Hektar Blumenbeete, Obstbaumalleen, Kornfelder, Wald, Wiesen und Teiche. Eine besondere Attraktion sind die denkmalgeschützten Gewächshäuser. Dort erblüht einmal im Jahr die Königin der Nacht. Nicht nur für Hobby-Geologen interessant: die Geologische Wand. Sie stellt einen Schnitt durch die obersten Erdschichten Mitteleuropas dar mit Gesteinen aus verschiedenen Gegenden: Schiefer, Kohle, Sandstein, über 100 verschiedene Gesteine lassen sich dort studieren.

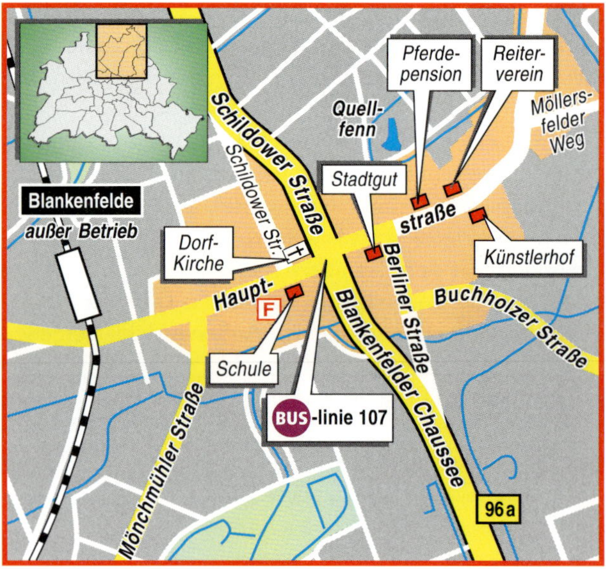

Eine ganze Straße in Stalins Zuckerbäcker-Stil

Auf einer Holzbank sitzt Röschen Koltermann, zu ihren Füßen Westhighland-Terrier »Boy«. Die alte Dame kommt gerade vom Wochenmarkt am ehemaligen Café Warschau und ruht sich aus. Hinter ihrem Rücken braust der Verkehr durch die Karl-Marx-Allee. 90 Meter breit und sechsspurig verläuft sie als »Rückgrat« des Bezirks Friedrichshain vom Frankfurter Tor zum Strausberger Platz. Nach Westen geht's durch Plattenbau-Reihen zum Alexander-

platz, ostwärts kommt man über die Frankfurter Allee nach Marzahn und Hellersdorf.
»Frankfurter« hieß die Magistrale vor dem Zweiten Weltkrieg. Damals war sie ein lebendiger Boulevard. Zwei Straßenbahnlinien und die U-Bahn brachten die Berliner ins Rose-Theater, zu Hertie, Woolworth und zu Cafés, in denen noch »der Mann am Klavier« spielte. Nach den Kriegsjahren, in denen nahezu alle Wohnungen an der Allee zerbombt wurden, setzte ein rasanter Aufbau ein. Fortan sollten die Arbeiter, so verkündete der junge, sozialistische Staat, in Wohlstand und Komfort leben.
Der Obrigkeit mißfielen die ersten Laubenganghäuser im Bauhausstil, im Volksmund noch heute »Streichholzschachteln« genannt. Sie schickte ihre Architekten um Hermann Henselmann, Richard Paulick und Hans Hopp zur Inspiration ins Bruderland Sowjetunion. Danach wurden die Bauten monumentaler.
Die »Arbeiterpaläste« im Zuckerbäcker-Stil entstanden. Fahrstuhl, Zentralheizung, geflieste Bäder und Dachgärten – Luxus für eine Mark pro Quadratmeter. Die ersten Bewohner waren Aktivisten des Volkes und Bonzen, aber auch Arbeiter und Trümmerfrauen, die in der »Aufbaulotterie« eine Wohnung gewonnen hatten, und ausgebombte Familien. Ausgerechnet in der »ersten sozialistischen Straße« begann am 17. Juni 1953 der Volksaufstand, weil die Bauarbeiter mit den erhöhten Arbeitsnormen und der schlechten Versorgungslage unzufrieden waren.
Die »Stalinallee«, so hieß die Straße seit 1949, fungierte auch als Aufmarschstrecke der Nationalen Volksarmee. In den Nächten vor dem 7. Oktober rasselten Panzer über den Asphalt, zur Probe für den »Geburtstag der Republik«. »Als Jungpioniere haben wir uns immer hier gegenüber zur Parade getroffen«, erzählt Erich Kundel, der seit März

1993 gemeinsam mit seinem Studienfreund Georg Lenzner die Karl-Marx-Buchhandlung betreibt. Schon 1952, als der Block fertiggestellt wurde, eröffnete der Büchertempel, in dem der Name Programm war. »Heute schreibt keiner mehr vor, was gelesen wird«, erinnert sich Kundel an ehemals gesellschaftspolitische Pflichten.
Auf einen »Kudamm des Ostens« hatten Gewerbetreibende und Anwohner nach der Wende gehofft, noch immer sucht man nach einem eigenen Profil. Täglich brausen Zehntausende Autos durch die Allee. Viele, die nach der Wende ein Geschäft eröffneten, mußten wieder schließen. »Die Anwohner haben zuwenig Geld«, weiß Doris Lembke vom Verein »Boulevard Karl-Marx-Allee«, einem Zusammenschluß von Geschäftsleuten. Autofahrer können nicht halten, weil Parkflächen fehlen, obwohl »die Straße doch breit genug ist«, wie sich viele ärgern. Da wird dann mal gemutmaßt, daß »die vom Senat« eben im Osten keine Konkurrenz wollen.
1990 wurde der Teil der Karl-Marx-Allee zwischen Proskauer Straße und Strausberger Platz zum europäischen Baudenkmal erklärt. Die landeseigene Wohnungsbaugesellschaft Friedrichshain (WBF) verkaufte den größten Teil an die DePfa Immobilienmanagement AG aus Wiesbaden für 900 Mark pro Quadratmeter Wohnfläche. »Uns interessierte die zentrale Lage. Zudem ist die Straße – obwohl architektonisch gewöhnungsbedürftig – ein Unikat«, sagt DePfa-Projektleiter Donald Möller. Auch er beklagt die Verkehrspolitik: »Hier fehlt nur noch die Leitplanke zur Autobahn.«
Die Wohnblöcke C-Nord und C-Süd wurden zuerst erneuert. Danach zahlten die Mieter 6 Mark/qm warm. Doch viele haben Angst vor Umwandlung in Wohneigentum und Mietsteigerung. Aber mit der Kürzung der staat-

lichen Fördergelder stagnierte auch die Sanierungseuphorie bei der DePfa. Block für Block und Wohnung für Wohnung nimmt der Ausverkauf der Allee seinen Lauf. Bestandsmieter genießen Kündigungsschutz, und noch sind die Mieten bezahlbar. In wenigen Jahrzehnten wird die Vision vom »Kudamm des Ostens« vielleicht doch noch real. Dann, wenn in den schick sanierten Eigentumswohnungen die Menschen mit dem nötigen »Kleingeld« leben.
Ein paar Schritte weiter Richtung Stadtzentrum, und die Architektur vollführt einen abrupten Wandel. Aus dem Zuckerbäckerstil der Allee auf der Friedrichshainer Seite wird jenseits des Strausberger Platzes nüchterne, langweilige Platte. Dort, auf dem Mitte-Abschnitt der Karl-Marx-Allee, feierte sich die DDR gern selbst.
Dröhnende Panzer, Soldaten im Stechschritt, wehende Fahnen, jubelnde Menschen, die Tribüne mit den Partei- und Staatsgrößen – zwischen Strausberger und Alexanderplatz lag die Jubelmeile der DDR. Vom Kiez ringsum die Karl-Marx-Allee in Mitte zu erzählen, bedeutet heute vor allem, die Geschichte zu beschreiben.
Mit der Zukunft scheint es in der einstigen Prachtmeile des »real existierenden Sozialismus« der DDR nicht eben zum besten zu stehen. »Solch ein Gewimmel möcht ich seh'n, auf freiem Grund mit freiem Volke steh'n«, läßt Johann Wolfgang von Goethe seinen Faust sagen. An der nach Mitte gewandten Eingangsseite des ehemaligen »Haus des Kindes« am Strausberger Platz ist dieser Dichterspruch verewigt. Gewimmel gab es hier jedoch das letzte Mal zur absurden 40-Jahr-Feier der DDR im Oktober 1989. Viele Anwohner der Allee und der angrenzenden Straßen traf die Wende besonders hart. Ministerien, Universität, staatliche Dienststellen, Staatssicherheit, Außenhandel und Medien waren Arbeitgeber dieser Menschen. Wer in

einem der in den 60er und 70er Jahren gebauten schmucklosen Plattenbauten wohnte, hatte es für DDR-Verhältnisse meist »geschafft«. Zum 1. Mai und 7. Oktober (Nationalfeiertag der DDR) wurden Fahnen an Balkonen und Fenstern angebracht. Bei den wenigen, die nicht wollten oder es vergessen hatten, erledigte dies die Feuerwehr mit ihren Drehleitern.

Geschäfte wie »Kunst im Heim«, das Exquisit-Modehaus »Madeleine«, das Kosmetikgeschäft »Babette« oder selbst der Blumenladen waren immer relativ gut sortiert. Genügend Krippen- und Kindergartenplätze sowie insgesamt vier Schulen, Planschbecken und Spielplätze sorgten für eine glückliche Kindheit der Sprößlinge, von denen es viele gab.

Heute ist es in der Gegend ruhig geworden – fast zu ruhig. Die Magistrale ist kaum mehr als eine Durchgangsstraße. Wenige kommen und halten an. Tristesse inmitten der Großstadt. Von den Geschäften ist gerade mal die Parfümerie an der Karl-Marx-Allee 36 geblieben. Dort verkauft jetzt »Le Coer«. »Aber es ist schwer«, meint eine Verkäuferin, die allein mit einer Kollegin im Laden steht. Laufkundschaft käme so gut wie gar nicht. Zum Glück gebe es viele Stammkunden, die schon in der »Babette« gekauft hatten. Nebenan der einstmals begehrte und seit 1995 geschlossene Gaststättenkomplex »Moskau«. Für die zu DDR-Zeiten erste Adresse sucht die Treuhand Liegenschaftsgesellschaft immer noch einen Käufer. Der Kaufpreis liegt bei etwa fünf Millionen Mark plus geschätzten 10,5 Millionen Mark für die Sanierung. Problematisch ist der Verkauf des Hauses, in dem einst der Wodka in Strömen floß, auch wegen der Denkmalschutz-Auflagen. Hier gab es den in der DDR so beliebten und fast nie erhältlichen süßen Rotwein Rosenthaler Kadarka.

Geschlossen sind auch der Blumenladen und ein Café, das nebenan kurzzeitig existierte. Einzig im Kino »International«, hinter dem nun das neue Rathaus Mitte emporragt, und im Haus der einstigen Mokka-Milch-Eis-Bar ist noch Leben. Dort, wo Thomas Natschinski für seine Gruppe »Team 4« 1967 textete: »In der Mokka-Milch-Eis-Bar hab ich sie geseh'n, in der Mokka-Milch-Eis-Bar, da ist es gescheh'n«, sind heute »Eis Hennig«, »Albert's« und ein italienisches Restaurant eingezogen – neben der »Bier-Fakultät« im einstigen Haus Berlin und dem »Sternchen« hinter dem Kino die einzigen Ausgehadressen im Kiez. Aber wer geht hier schon abends aus? »Unsere Gäste kommen kaum aus den umliegenden Quartieren«, erzählt Marina Twieg vom »Albert's«.

»Wir können nun mal nicht aus jeder Straße im Bezirk einen Bummel-Boulevard machen«, meint Bürgermeister Joachim Zeller (CDU). Die Karl-Marx-Allee sei eben vor allem Wohngebiet.

Die Kinder von einst sind weggezogen, die Eltern oft schon im Vorruhestand oder Rentner. Junge Bewohner ziehen nur vereinzelt nach. An der Neuen Blumenstraße herrscht fast dörfliche Idylle. Mitten in der Stadt flattert Wäsche auf einem Trockenplatz. Seit 37 Jahren hängt eine Anwohnerin ihre Handtücher dort auf. »Ich hab mich hier immer sehr wohl gefühlt«, erzählt sie. Aber sie bedauert den Verlust des Zusammengehörigkeitsgefühls mit den Nachbarn – seit der Wende 1989. Nun ist sie auf die Halbinsel Stralau gezogen. Die Tochter hat ihre Wohnung übernommen.

Ein paar Blöcke weiter hört man Kinderlachen. Das Max-Planck-Gymnasium residiert jetzt in dem Schulbau aus den Fünfzigern. In den Pausen scheint die Gegend lebendig. Auf dem Weg zu U- und S-Bahn müssen die Schüler am einzigen kleinen Supermarkt der Gegend vorbei. Auch

Straßenhändler mit Socken und Zigaretten stehen dort. Vorn am Alex, wo im ehemaligen Haus des Lehrers und in der Kongreßhalle bald die Sanierung beginnen soll, wurden nun die ersten Fassaden der Allee-Häuser erneuert. Auf einigen prangen immer noch die Leuchtreklamen aus sozialistischen Zeiten. Irgendwann sind auch sie verschwunden …

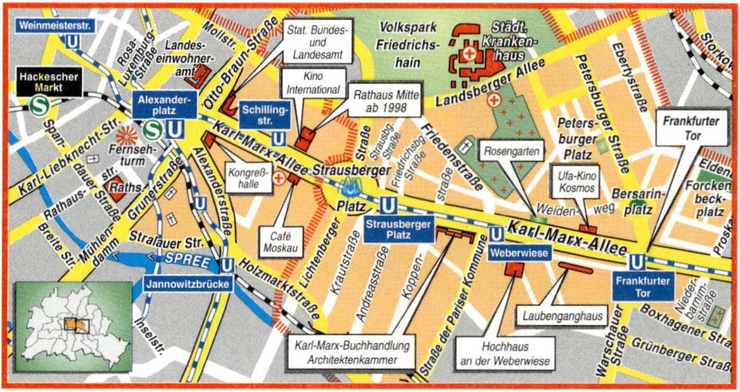

»Wohnen wie im Himmel«: Ruhiges Leben im Grunewald

»Als Kinder sind wir über die Zäune in den Garten von Papa Heuss geklettert und haben Äpfel geklaut«, erzählt Monika Doemke. Tatsächlich war Theodor Heuss, Deutschlands erster Bundespräsident, häufig ihr Nachbar – immer dann, wenn er im Senatsgästehaus an der Koenigsallee 71 logierte. Dort stehen seit 1968 Terrassenhäuser. Monika Doemke, nunmehr »alte Grunewalderin«, lebt seit ihrer Kindheit im »Oberhaardter Schlößchen« am Gottfried-von-Cramm-Weg 33–37. Eine feine Adresse in Berlin.
Die Eltern hatten die Wohnung in der Villa 1943 vom Bezirksamt zugewiesen bekommen, nachdem ihre im Krieg

ausgebrannt war. »Auch wenn wir ›nur‹ Mieter waren, ich war immer stolz darauf, meinen Klassenkameraden sagen zu können: Ich wohne in einer Villa wie Conny Froboess«, schmunzelt die 55jährige. Einmal habe eine Freundin beim Anblick des Treppenhauses gerufen: »Ich glaub', ich komm' in den Himmel!«
Wie im Himmel mutet das Wohnen im Grunewald noch heute so manchen Spaziergänger an: Großzügige Grünanlagen, kunstvoll angelegte Gärten und architektonische Vielfalt prägen das Gebiet am westlichen Ende des Ku'damms zwischen Hohenzollerndamm, Avus und Forst Grunewald. Prächtige alte Villen stehen entlang der Koenigsallee, der Douglasstraße, an der Hagen- oder der Griegstraße. Viele wurden jedoch in der Nachkriegszeit abgerissen, die Grundstücke neu parzelliert und mit kleineren Ein- und Mehrfamilienhäusern bebaut.
Seit 25 Jahren sammelt Helga Frisch Geschichten und Geschichtchen aus ihrer Nachbarschaft. Die Pastorin der Grunewald-Gemeinde weiß viel über die Ursprünge und die Bewohner der bevorzugten Gegend in City-Nähe.
Seit mehr als 100 Jahren ist das Gebiet um Grunewaldsee, Hundekehlesee, das »Seen-Kleeblatt« Dianasee, Koenigssee, Hertha- und Hubertussee bis zum Halensee bevorzugter Wohnort des wohlhabenden Berliner Finanz- und Bildungsbürgertums. Die Villenkolonie wuchs rasch mit der Bedeutung des Kudamms: Bismarck denkt an ein nobles Viertel vor den Toren Berlins. »Städtebauer« Carstenn plant den Kurfürstendamm 30 Meter breit, Bismarck setzt 53 Meter durch.
Der Grunewald gehört zu dieser Zeit noch zum Landkreis Teltow. Erst 1920 kommt die Gemeinde zum Verwaltungsbezirk Wilmersdorf. Im April 1889 beginnt die Erschließung. Als eine der ersten zieht dort die Kammersängerin

Lilli Lehmann hin. Sie bezieht 1891 ein Haus an der Herbertstraße 20, das heute noch erhalten ist.
Das Blättern in alten Adreßbüchern gleicht einem Schnellkursus in neuerer Kulturgeschichte. Schriftsteller wie Gerhart Hauptmann, die Tänzerin Isadora Duncan, der Kritiker Alfred Kerr, die Schauspielerin Grethe Weiser, Bankiers wie Franz und Robert von Mendelssohn, die Verleger Samuel Fischer, Hans und Hermann Ullstein oder Wissenschaftler wie Max Planck und Karl Bonhoeffer lassen sich Villen bauen. Die »Herrschaft« pflegt literarische und musikalische Zirkel, ein Heer von Dienstboten die Anwesen.
Mit dem dunkelsten Kapitel der deutschen Geschichte beginnt auch der Niedergang des kulturellen Grunewald in den 30er Jahren. Viele Familien jüdischer Herkunft wandern aus oder kommen um. Vom Güterbahnhof Grunewald werden mehr als 50 000 Berliner Juden in Vernichtungslager abtransportiert. Ein Mahnmal des Bildhauers Karol Broniatowski erinnert dort heute an die Greuel. Doch der Krieg verschont auch das schöne Fleckchen an den Seen nicht: Brandbomben zerstören einige der Villen.
»Nach dem Krieg ist aber mehr zerstört worden als während des Krieges«, schimpft Helga Frisch auf die Abrißpolitik der 60er und 70er Jahre. »Häßliche Schachteln« seien statt eleganter Villen gebaut worden. »Zudem hat nach der Wende eine verhängnisvolle Entwicklung eingesetzt«, meint die Seelsorgerin. »Grundstücks- und Mietpreise kletterten in astronomische Höhen«, schildert sie den Boom nach der Wiedervereinigung. Bedenklich findet sie, daß auf vielen Klingelschildem statt eines Familiennamens nur noch der einer GmbH zu lesen sei. Gewerbe mache sich zunehmend breit. Bei Wuchermieten von 45 bis 50 Mark pro Quadratmeter könne sich kaum mehr eine Familie Wohnen im Grunewald leisten.

Doch die Prominenz bleibt dem Grunewald treu: Hildegard Knef und Harald Juhnke, Drehbuchautor Curth Flatow und René Kollo haben ihre Domizile in dem ruhigen Viertel. Ausgeprägtes »Kiez-Gefühl« wie in anderen Stadtteilen hat sich aber bis heute nicht entwickelt. »Statt einer Identifikation mit dem Wohnort gibt es im Grunewald eher Cliquen«, sagt Monika Doemke und verweist in diesem Zusammenhang auf die Tennis-Clubs Rot-Weiß und Blau-Weiß. Rund um die Seen bleibe man lieber für sich.

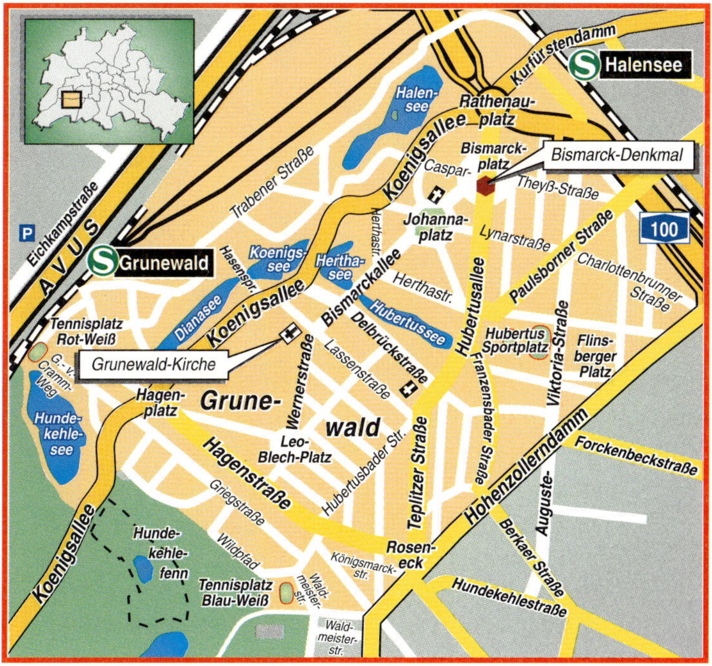

Lust und Frust im Kneipen-Dorado am Wasserturm

Den »Himmel über Berlin« verheißt eine Anzeige in der Zeitung: 183-Quadratmeter-Dachwohnung mit 268 Quadratmetern Dachgarten für 5856 DM Kaltmiete. Im Monat. Doch nicht etwa im noblen Dahlem, Schlachtensee oder Wilmersdorf. Jetzt locken auch am und um den Kollwitzplatz luxuriöse Domizile den extravaganten Wohngeschmack von Gutbetuchten. Längst gilt es als »in«, sich citynah inmitten des Altbau-Charmes niederzulassen.

Der traditionelle Arbeiterbezirk Prenzlauer Berg, in dem die Malerin Käthe Kollwitz (1867–1945) mehr als 50 Jahre in der Straße wohnte, die 1947 nach ihr benannt wurde, hat sich nach der Wende sozial gewandelt. Während Bewohner in maroden Mietskasernen mit Außentoiletten noch auf die Sanierung ihrer Wohnungen warten, haben Hausbesitzer ihre Gründerzeit-Häuser und Spekulanten sich selbst saniert. Die Immobilien wechselten häufig die Besitzer und die Mieter die Wohnungen.
Familien mit Kindern, besserverdienende Akademiker und Ruhebedürftige kehren dem Kiez den Rücken. Abenteurer, Yuppies und gutverdienende Singles, viele von ihnen Wessis, sind die neuen Nachbarn derjenigen, die ihre liebgewonnene Wohngegend nicht verlassen wollen. Darunter auch Politpromis wie Wolfgang Thierse, Thomas Krüger, Gerd Poppe und Marianne Birthler. Doch das Leben ist für Anwohner längst nicht so beschaulich wie für die Horden von Nachtschwärmern, die allabendlich die Gegend rund um den »Kolle« bevölkern. Sie kommen in das Gebiet zwischen Wasserturm, Kulturbrauerei, Senefelderplatz und Rykestraße, um ausgelassen etwa in der »Restauration 1900« ihre Molle im Freien zu trinken, im »Gugelhof« niveauvoll zu speisen oder in der »Trattoria Lappeggi«, wo Inhaber Michael Balbiano seinen Gästen Pasta und Antipasti serviert. Dort treffen sich Alteingesessene und Neureiche, Aussteiger und Aufsteiger, Flippige und Mondäne, Macher und Möchtegerne aus Ost und West. Etwa 100 Wirte buhlen im Kneipen-Dorado des Ostens um die Kehlen und Gaumen der Abenteurerkarawanen, die das Viertel heimsuchen, und dabei lautstark ihre Anwesenheit verkünden. Sie lassen Geld in den Kneipen und überschüssiges Bier in den Hausfluren zurück. Doch wenn der Gerstensaft allzu kräftig in den Glä-

sern der erlebnishungrigen Kiez-Voyeure schäumt, schäumen die lärmgeplagten Anwohner vor Wut: Laut und dreckig sei es geworden.
Ursula Treu wohnt seit 1957 in der Wörther Straße. Sie stört der Lärm weniger. Nur: »Früher gab es hier viele kleine Geschäfte.« Jetzt muß sie bis zum Alex fahren, um Fisch zu kaufen. Die für die Gegend einst typischen Tante-Emma-Läden und mittlerweile auch zahlreiche kommunale Einrichtungen mußten wegen der drastisch gestiegenen Mieten ihre Jalousien am »Kolle« für immer runterlassen. »Das Angebot für Kieztouristen wächst, aber die Lebensqualität der Anwohner sinkt«, klagt eine Anwohnerin aus der Husemannstraße.
Doch die Kiezaktivisten nehmen die Mißstände nicht wortlos hin. Ihre Betroffenen-Initiative liefert sich scharfe Wortgefechte mit der Interessenvertretung der Wirte. Die einen kämpfen für eine bessere Wohnqualität, die anderen ums Überleben im »Krieg der Kneipen«, wo Mieten um die 50 Mark pro Quadratmeter keine Seltenheit sind. Den über Jahre andauernden Streit der »Kampfhähne vom Kolle« hätte kein pfiffiger Werbefachmann besser in Szene setzen können. Denn dadurch bleibt der Kiez im Gespräch.
Die Öffentlichkeit des Platzes lockte jedoch nicht nur »Touris«, sondern auch unliebsame Gäste ins Quartier. Regelmäßig zur Walpurgisnacht lieferten sich dort Chaoten mit der Polizei Straßenschlachten.
Aber am Rande der Kneipenlandschaft und Aufgeregtheit der Anwohner gibt es auch Sehenswertes wie den Wasserturm von 1877 an der Rykestraße oder die noch genutzte Synagoge von 1903 mit ihrer wechselvollen Geschichte.
Interessant: ein Kilometer Husemannstraße – ein Relikt aus DDR-Zeiten. Dort entstand zur 750-Jahr-Feier Berlins 1987 eine schmucke »Kulissenwelt« mit Kellerläden,

altdeutschen Werbeaufschriften und Museen. Viele der jungen Leute kommen allerdings nicht nur wegen der Kneipenvielfalt zum Kollwitzplatz. Sie lieben das unbeschwerte Getümmel der Kulturbrauerei mit Flohmarkt, Theater, Ausstellungen und Kneipen im denkmalgeschützten Ambiente des Backsteinbaus der Schultheiss-Brauerei. Für sie ist dann der »Kolle«, zumindest für ein paar Stunden, der Himmel auf Erden.

Wie kommt ein Showstar in den Technologiepark?

In Strömen tauchen an der Bernauer Straße die Menschen hinab in die U-Bahn oder steigen herauf, eilen zu Arbeit oder Einkauf in beide Richtungen der Brunnenstraße. Fast drei Jahrzehnte war der U-Bahnhof verriegelt, verrammelt, zugemauert. Nur noch ein Mosaik am Eingang verrät, daß hier die Mauer stand.
Einige hundert Meter weiter westlich wird das Sinnbild

der deutschen Teilung plötzlich auffallend sichtbar. Auf 210 Metern Länge, lediglich von zwei 20 Meter breiten Lücken unterbrochen, steht der Betonriegel noch immer an gewohnter Stelle. Scheinbar unüberwindbar, häßlich und mahnend.

»1999, zum 10. Jahrestag des Mauerfalls, soll hier eine Gedenkstätte an die Brutalität der Grenzziehung erinnern«, sagt Manfred Fischer, Pfarrer der Versöhnungsgemeinde. Dann wird auf dem ehemaligen »Todesstreifen«, wo das DDR-Regime vor dreizehn Jahren die Versöhnungskirche sprengen ließ, eine neue Kapelle mit den alten Glocken errichtet.

Zwischen Acker- und Gartenstraße, nur wenige Meter von dem Mauer-Überbleibsel entfernt, liegt die Ernst-Reuter-Siedlung. Sie gilt als Musterbeispiel des sozialen Wohnungsbaus im Nachkriegsberlin. Eine Büste im Grünen erinnert an den Namensgeber Ernst Reuter, der von 1948 bis 1953 Berlins erster Regierender Bürgermeister war. Doch um den Sozialdemokraten scheint sich hier niemand mehr zu kümmern. Ungestört erfreuen sich die Vögel der Büste als Landeplatz und »Örtchen«.

Mittelpunkt der Siedlung, die 1954 fertiggestellt wurde, ist die Nummer 10. In dem von Architekt Felix Hinssen entworfenen 15stöckigen Hochhaus wohnen 58 Familien. Eine Mieterin der ersten Stunde erinnert sich: »Als die Mauer noch stand, hat sich kaum ein Auto hierher verirrt. Inzwischen haben wir uns an den Verkehrslärm gewöhnt.« Auch die Miete ist längst nicht mehr die gleiche. »Als wir einzogen, kostete die Wohnung nur 84 Mark. Heute zahle ich das Achtfache«, sagt sie. Doch die Erfahrung machten andere Berliner auch.

Während die alteingesessenen Siedlungsbewohner noch in Erinnerungen schwelgen, hat kiezaufwärts längst die Zu-

kunft begonnen. Auf dem ehemaligen AEG-Gelände zwischen Voltastraße und Gustav-Meyer-Allee tüfteln wendige Geister an neuer Software und modernster Umwelttechnik. 66 Firmen und zehn Institute der Technischen Universität haben sich seit 1985 auf dem 60 000 Quadratmeter großen Technologie- und Innovationspark Berlin (TIB) etabliert. Die Palette der Erfindungen reicht vom solarbetriebenen Milchaufschäumer bis zum HighTech-Erzeugnis Computer.
Auf der der Voltastraße zugewandten Seite des TIB-Geländes überragt ein zwölfstöckiger Neubau die alten Fabrikhallen. Sechs monströse Satellitenschüsseln krönen das Flachdach. Seit April 1992 produziert das Auslandsfernsehen »Deutsche Welle« hier sein Programm. »Vom Wedding aus senden wir rund um die Uhr in alle fünf Kontinente«, berichtet der Sprecher des Hauses. »Ruhe, Sendung« heißt es im Altbau nebenan, wo sich Hörfunk und drei Fernsehstudios niedergelassen haben. In einem steht gerade Musicalstar Angelika Milster für den »Boulevard Deutschland« vor der Kamera.
In den Sommermonaten nutzen viele der 1700 Mitarbeiter die Gunst der Jahreszeit und verbringen ihre Mittagspause im benachbarten Humboldthain. Der 25 Hektar große Volkspark ist ein allseits beliebter Rückzugsort für Streßgeplagte und Luftschnapper. Hier fahren Mütter ihre Kleinen spazieren, drehen Jogger Runden, gehen die Weddinger mit ihren Vierbeinern Gassi.
Wahrzeichen des Humboldthains sind zwei 1940/41 entstandene Flakhochbunker, die nach Kriegsende mit einer halben Million Kubikmeter Schutt aus zerstörten Häusern aufgeschüttet wurden. Von der Aussichtsplattform des 85 Meter hohen Bunkerbergs bietet sich ein schöner Überblick. Gut ist auch der künftige Verkehrsknotenpunkt Nord-

kreuz zu erkennen. Hier entsteht bis zur Jahrtausendwende der neue Regional- und Fernbahnhof, von dem aus die Reisenden ins Viertel strömen oder zum nächsten Zug umsteigen werden. Dann wird wohl gar nichts mehr daran erinnern, daß eine Mauer die Stadt teilte.

Ein böhmisches Dorf? In Neukölln gibt's das wirklich

Menschenmassen schieben sich durch die Karl-Marx-Straße, verschwinden im U-Bahneingang oder strömen von dort auf die Einkaufsstraße, Autos hupen, Kaufhäuser und Geschäfte bieten, was das Herz begehrt – Großstadtleben pur im Herzen Neuköllns. Aber nur wenige Meter entfernt und von den Dahineilenden kaum registriert liegt ein Ort der Stille und Beschaulichkeit: das Böhmische Dorf. Rund um Richardplatz und entlang der Richardstraße lebt die Geschichte Rixdorfs: Dorfkirche, alte Schmiede, Dorfanger, kleine Büdner- und Kolonistenhäuser sowie, zum Teil versteckt, Scheunen und Stallgebäude.

Im Kiez geht's geschäftig zu – wie in der Fleischerei »Gleich« am Karl-Marx-Platz, wo seit Jahrzehnten Berliner aus allen Bezirken die preisgekrönte Blutwurst nach altem Rezept kaufen.

Wirft der Spaziergänger in den Gassen mit dem alten Kopfsteinpflaster einen Blick in die Höfe, erwarten ihn unverhoffte Einsichten in das ehemals dörfliche Leben. 1737 siedelten sich hier böhmische Glaubensflüchtlinge unter dem Schutz von König Friedrich Wilhelm I. an. Für diese Ansiedlung bürgerte sich der Name Böhmisch-Rixdorf ein, das ältere Rixdorf wurde zu Deutsch-Rixdorf. Erst 1874 vereinigten sich die beiden »Rixdörfer«.

Die »Böhmen« leben auch heute noch in ihrem Dorf. »Unsere Brüdergemeinde pflegt natürlich immer noch die alten Weihnachtstraditionen und den Ostergang mit Posaunenchor«, erzählt Beate Motel, eine Nachfahrin der Glaubensflüchtlinge. Auch der böhmische Gottesacker von 1751 am Karl-Marx-Platz wird noch als Friedhof genutzt.

Die Nachfahren der Exilanten haben inzwischen auch enge Kontakte zu ihrem Ursprungsort Usti nad Orlici aufgebaut. An den Stifter des Böhmischen Dorfes erinnert das Denkmal Friedrich Wilhelm I. von 1912 in der Kirchgasse.

Nur wenige Meter vom Denkmal entfernt staunt der Spaziergänger nicht schlecht: Ein altes Schmiedehaus samt intakter Schmiede steht mitten auf dem Richardplatz. Der Kunstschmied teilt sich sein historisches Domizil mit einem Frauentreffpunkt. Schon 1624 soll ein Laufschmied Rixdorf regelmäßig in seine Tour einbezogen haben.

Nicht ganz so alt wie die Schmiede, aber auch heute noch erlebbar, ist das Gewerbe von »Kutschen-Schöne« am

Richardplatz 18. Dort eröffnete Gustav Schöne 1894 seinen Fuhrbetrieb. Heute sind die weißen Hochzeitskutschen ein Renner in der Stadt. Film und Fernsehen bedienen sich ebenfalls bei »Kutschen-Schöne« für Filme wie »Der eiserne Gustav«, »Ein Mann will nach oben« oder »Wanderungen durch die Mark Brandenburg«.
Nichts dagegen erinnert mehr an die »Richardsburg«. Der Komplex Alt-Berliner Mietshäuser war Zeichen des industriellen Wachstums in und um Berlin zur Jahrhundertwende. Hier an der Richardstraße 35 lebten 144 Arbeiterfamilien – rund 500 Menschen – auf engstem Raum. In der Weimarer Zeit stand sie häufig im Brennpunkt der Auseinandersetzungen zwischen Kommunisten und Nationalsozialisten.
1905 erbaut, wurde die »Richardsburg« als eine der verrufensten Mietskasernen Berlins 1971 abgerissen. Lange Jahre lag das 7200 Quadratmeter große Gelände brach. Jetzt erfüllte sich dort ein Traum der Böhmischen Brüdergemeinde: Es entstand ein »Lehrgarten der Natur« im Sinne des letzten Bischofs der Böhmischen Brüder, Johann Amos Comenius (1592–1670). Der Garten veranschaulicht die Lebensphilosophie Comenius': Von der Geburt, einem Walnußbaum als Lebensbeginn, bis zum Tod auf dem Gottesacker. Dazwischen liegen Jugend, Lernen, Arbeit und Alter – dargestellt mit symbolischen Pflanzen wie Veilchen, Rosen oder einem Irrgarten.
1992 entschloß man sich in Prag, den Berlinern zur Feier des 400. Geburtstages Comenius' eine überlebensgroße Statue des Pädagogen, Philosophen und Weltbürgers Comenius zu schenken. Sie wurde 1992 im Beisein des damaligen Parlamentspräsidenten Dr. Alexander Dubček im Comenius-Garten enthüllt.
Das gesamte Böhmische Dorf steht unter Bestandsschutz,

der den historischen Kern der Dörfer Deutsch- und Böhmisch-Rixdorf als Gesamtheit erhalten soll. Werden illegales Ausbauen und speziell das Anbringen von Werbung nicht gebremst, ist der einmalige Charakter dieses Bereichs bald hinüber.

Per Anordnung kann die Bauaufsicht die Sünder zur Korrektur zwingen. Werbung muß sich in die Umgebung einfügen – Leuchtreklame ist fehl am Platz, sagen Denkmalschützer und Bezirksamt. Appelliert wird an die Bewohner, das Kleinod, in dem sie leben, zu bewahren. Oder, wie es der »rasende Reporter« Egon Erwin Kisch ausdrückte, damit »dieses fast deplacierte Idyll auch kommenden Generationen erhalten bleibt«.

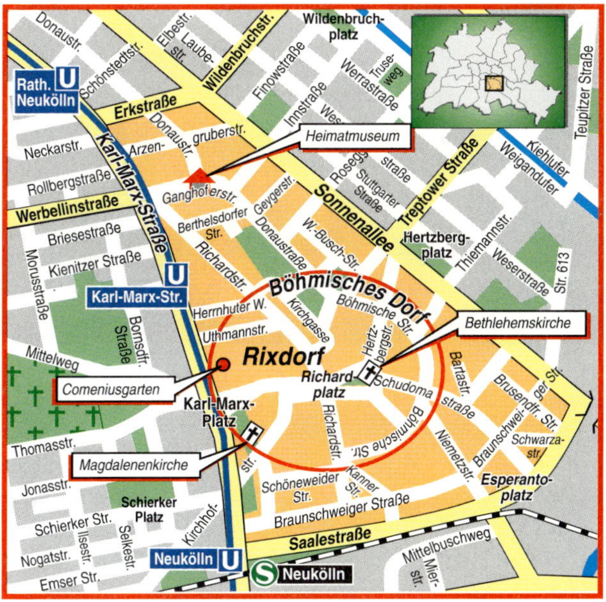

Abgasmief und Bäume, die wie Kuchen duften

Wenn der Lenz beginnt und der Wind aus Nord-West herüberweht, dann duftet es im Arboretum an der Späthstraße in Baumschulenweg herrlich nach Kaffee und Kuchen. Dann nämlich vermischen sich die Düfte eines japanischen Kirschbaums, auch Kuchenbaum genannt, und der nahen Neuköllner Jacobs-Kaffee-Rösterei. Sie ziehen durch den Gewächsgarten der Humboldt-Universität und

wehen auch den Musikfreunden um die Nase, die sonntags den beliebten Bläserkonzerten unter dem Riesen-Lebensbaum lauschen.
Der Park mit seinen mehr als 4000 Gewächsarten und dem wunderschönen Rosarium ist eng mit der Geschichte des Treptower Ortsteiles Baumschulenweg verknüpft. 1863 verlegte Franz Späth die vom Vater geerbte Gärtnerei aus der Innenstadt in die Gegend zwischen Neu-Britz und Johannisthal. Mit seinen 46 Hektar ist der Familienbetrieb heute die größte Baumschule Deutschlands. Nach ihr wurden die den Ort durchziehende Hauptstraße und der Ortsteil benannt. Im alten Herrenhaus an der Späthstraße sitzt die Verwaltung des Arboretums. Botaniker und Studenten der Humboldt-Universität betreuen das von Späth angelegte Rosarium und den öffentlich zugänglichen dendrologischen Park.
Reichsbahnbeamte, Arbeiter und Angestellte der Industriebetriebe von Schöneweide siedelten sich um die Jahrhundertwende in Baumschulenweg an und bestimmen auch heute noch die Mischung. Günstige Verkehrslage, viel Wasser und jede Menge Grün, das lieben angestammte und hinzuziehende Baumschulenweger an »ihrem Baume«. Und was für Treptower im allgemeinen, das gilt für Baumschulenweger im besonderen: Sie sind bodenständig. Das zeigt sich im Straßenbild. Wenn sich die Baumschulenstraße, Ortszentrum und Einkaufsmeile, vormittags belebt, sind vorrangig ältere Leute unterwegs.
Baumschulenwegs ruhige und idyllische Wohnlagen bestechen durch architektonische Vielfalt: Stolze Gründerzeithäuser entlang der Magistrale, kleine Reihenhaussiedlungen in den Seitenstraßen am S-Bahnhof, Wohnhäuser im 20er-Jahre-Stil an der Köpenicker Landstraße. Etliche teilweise arg vernachlässigte Gebäude hat die Stadt und

Land Wohnbauten mbH nach dem Mauerfall beispielgebend instandgesetzt und modernisiert.
Viele der heute älteren Bewohner des Ortes sind in den 50er und 60er Jahren in die neuerbauten Siedlungen am Heidekampweg und an der Kiefholzstraße gezogen. Aus Trümmersplit wurden die Häuser der Nachkriegszeit hier zum Teil gebaut. Heute sind ihre Bewohner – wie das Gros der älteren Baumschulenweger – zufriedene Leute. Die Wohnungen sind gut, modern und dennoch bezahlbar. Von ihrer Rente können die meisten Ehepaare gut leben. Und soziale Probleme gibt es vergleichsweise wenig.
Nur mit der Ruhe auf der Einkaufs- und Flaniermeile Baumschulenstraße ist es seit dem Mauerfall vorbei. Wie durch ein Nadelöhr zwängt sich der Durchgangsverkehr über die vier Spuren. 18 000 Autos täglich machen Anwohnern und Passanten das Leben schwer und die Luft dick. Entlastung verspricht der Ausbau der Südostallee. Ab 1999 lenkt sie den Autostrom ab Sonnenallee durch die Königsheide auf die große Ausfahrtstraße oder in Richtung City.
Von den zahlreichen kleinen, traditionellen Geschäften, die es früher entlang der Einkaufsstraße gab, haben nur wenige die letzten Jahre überlebt. Darunter ist der bei alten Baumschulenwegern beliebte Herrenausstatter Horst Bosse und der Eisenwarenhändler Bernhard Marquart. Mehr und mehr breiten sich Banken und die großen Filialisten um den S-Bahnhof aus. Auch das berüchtigte Café »Ulla«, benannt nach der in den 50er Jahren populären Karikaturistin Ulla Laudien, wich einem Geldinstitut. Und weil es auch kein Kaufhaus gibt, fährt, wer eine Rolle Zwirn benötigt, wie zu Zeiten vor dem Mauerbau zum Hermannplatz in den Nachbarbezirk Neukölln.
So ist für junge Leute insgesamt wenig los. Zum Ausge-

hen fahren die meisten in die Innenstadtbezirke. Dennoch: Das heute noch verschlafen und zeitlos wirkende Baumschulenweg wird nach der Jahrtausendwende ein Ort des Wandels sein: Seine ruhige Lage und die Nähe zu Spree, Königsheide und Plänterwald lockt vor allem Familien aus den verkehrsreichen Kerngebieten. Jüngere Menschen werden den Charakter des Ortes in der Zukunft prägen. Auch die Reihenhäuschen an der Radenzer Straße bekommen bald neue Mieter. Die zu DDR-Zeiten von Funktionären bewohnte Siedlung mit Blick auf den Britzer Zweigkanal ist für Bundesbedienstete reserviert.

»12 Uhr mittags: Antreten zum Geläut«

Punkt 12 Uhr schlägt sie den Schönebergern die Stunde – die »Freiheitsglocke« im Rathaus. Wolfgang Tümmel brachte als erster Berlins prominenteste, von 16 Millionen Amerikanern gestiftete Glocke zum Klingen. Sehr zum Ärger von General Lucius D. Clay: »Beim Heraufziehen der Glocke auf den Turm konnte ich nicht widerstehen und schlug mit meinem Hammer dagegen«, erinnert sich Tümmel. »Böse Zungen behaupteten später, ich hätte der

Freiheitsglocke damit zu ihrem berühmten Sprung verholfen – was natürlich so nicht stimmt.« Einige Tage später durfte der junge Rathaus-Handwerker dann auf Anweisung des Generals Hand ans Schwungrad anlegen. Denn beim Anläuten am 24. Oktober 1950 versagte der neue Motor gleich beim ersten Einsatz.

Solche Geschichten schüttelt »Mister Rathaus« zu Tausenden aus dem Ärmel. Im September 1991 zog der Berliner Senat ins Rote Rathaus nach Mitte, im März 1993 verlegte das Abgeordnetenhaus seinen Sitz in den Preußischen Landtag. Und im Oktober ging der langjährige Rathaus-Sicherheitschef in Pension.

Seitdem ist vieles anders geworden: Der Ort, an dem Weltpolitik gemacht wurde, ist jetzt normaler, von den Verkehrsachsen Badensche und Martin-Luther-Straße umrahmter Kiez-Mittelpunkt. Fremde lockt er wegen seiner Geschichte trotzdem. Wer erinnert sich nicht an die Hunderttausende Demonstranten, die gegen Berlin-Blockade oder Schah-Besuch protestierten? Oder an die Menschenmengen, die dort am 26. Juni 1963 den berühmten Kennedy-Satz hörten: »Ich bin ein Berliner.«

Positiv für die Schöneberger: Ihnen steht jetzt bürgernah, mit vielen Ämtern und ohne Ausweiskontrollen, wieder ein ganzes Rathaus zur Verfügung. »Aber früher war die Atmosphäre besser«, erinnert sich Markthändlerin Christine Neuendorf beim Schwätzchen über Obst- und Gemüsekisten. Die Umsätze auch. Das gilt nicht nur für den Wochenmarkt dienstags und freitags auf dem John-F.-Kennedy-Platz. Auch Friseur, Reisebüro und Restaurants vis à vis an der Martin-Luther- oder Belziger Straße mußten sich auf etwas andere Kundschaft umstellen. »Matratzen-Discounter oder Second-Hand-Läden hätt's damals nicht gegeben«, erinnert sich Bürgerberater Klaus Brun-

zel, der von seinem Büro aus das Geschehen seit etlichen Jahren im Blick hat. Dennoch ist das Rathaus mit dem historischen Touch ein beliebter Tagungsort. Banker wandeln durch die Brandenburghalle oder den Willy-Brandt-Saal, ein paar Türen weiter proben Musikschulchor oder die Modern Dancers. Die Willy-Brandt-Stiftung, die mit einer Dauerausstellung an den ehemaligen Bundeskanzler und Regierenden Bürgermeister Berlins erinnert, mietete sich in dem von 1911 bis 1914 erbauten imposanten Gebäude ein. Und die Touristen klettern unerschrocken den Turm hinauf, um von oben einen Blick auf Freiheitsglocke und Schöneberg zu werfen.
Hochbetrieb herrscht täglich auch im Souterrain, wenn die Angestellten des Rathauses und der umliegenden Bürogebäude den »Ratskeller« entern. Sie leisten den zahlreichen Schöneberger Rentnern Gesellschaft, die sich die »Kantine« im getäfelten, edlen Chic aus Abgeordnetenhaus-Zeiten als preiswerte Zweit-Küche auserkoren haben. Zum nachmittäglichen Verdauungsspaziergang laufen nicht nur die Senioren den »Rudolph-Wilde-Park« an, benannt nach Schönebergs erstem Oberbürgermeister (1898–1910). Jogger traben durchs hügelige Grün, die Kids dagegen füttern lieber die Enten im gleich neben dem U-Bahnhof Rathaus Schöneberg gelegenen Teich. An der westlichen Nahtstelle des Parks zu Wilmersdorf, am Hans-Rosenthal-Platz, thront das wuchtige »Deutschland Radio«-Gebäude. Im Volksmund heißt das Funkhaus aber nach wie vor »RIAS«, wie die riesigen blauen Lettern auf dem Dach seit Jahrzehnten verkünden. Von dort sendete der 1946 gegründete und bei den DDR-Oberen verhaßte »Rundfunk im Amerikanischen Sektor« bis zu seiner Auflösung Ende 1993.
Die kabarettistischen 50er Jahre-»Insulaner« oder die Pop-

Sendungen des »alten Amis« Rick de Lisle aus den 80ern sind längst Radio-Legende. Heute sendet dort bundesweit, wort- und kulturlastig der Nachfolger »Deutschland Radio«.
Das Glockengeläut, die berühmteste Klang-Konserve aus »RIAS«-Zeiten, wurde früher täglich gespielt. Heute legen die Tontechniker die Aufnahme nur noch sonntags um 12 in die Bandmaschine. Die hartnäckigen Fans versammeln sich deshalb wochentags um 12 mit nach oben gereckten Köpfen auf dem John-F.-Kennedy-Platz und lauschen der Freiheitsglocke. Live und draußen.

Eine alte Dorfkirche trotzt Blechlawine und Dauerstau

Es könnte ein wunderschönes märkisches Dorf sein. Aber Alt-Biesdorf, ursprünglich ein typisches märkisches Straßenangerdorf, zerfällt in seine Bestandteile. Ein paar alte Bauernhäuser gibt es noch, die Dorfkirche trotzt weiterhin dem Zahn der Zeit, und dann ist da natürlich auch das Schloß. Aber eigentlich sind das nur noch bruchstückhafte Erinnerungen an eine längst vergangene Zeit. Mitten hindurch rauscht laut und gewaltig die Bundesstraße 1 mit

ihrem unermeßlichen Strom von 72 000 Autos am Tag.
Die letzte Bastion der guten alten Zeit ist vor Ort Peter Staaks. Er betreibt ein Lebensmittelgeschäft im Dorfkern – so eine Art Tante-Emma-Laden, klein und persönlich, aber vor allem seit 1930 ein Familienbetrieb. Doch Staaks' Geschäft ist mehr. Es ist ein Symbol für einen uralten Ort, den es fast nicht mehr gibt. Wenn er Feierabend sagt, meint er nicht nur den Ladenschluß. Denn einen Nachfolger wird's nicht mehr geben, wenn er aufhört und sein Geschäft aufgibt. Dann ist wirklich Feierabend mit dem urbanen Leben im Dorf. Geschäfte gibt es dort nicht mehr. Bei Staaks besorgen die Leute das, was sie woanders vergessen haben. Und natürlich ist Staaks Kommunikationszentrale mit dem kleinen Plausch überm Ladentisch. Außer ihm und seiner Frau gibt es neben den Zugezogenen noch ein paar Ur-Biesdorfer. Zum Beispiel die seit Generationen ansässigen Familien Schulze, Silke und Fruhna. Sie sind die Stütze der Freiwilligen Feuerwehr, weshalb sie überall die Feuerwehrfamilien heißen.
Über die Geschichte des Dorfes können sie alle viel erzählen. Von früher, der Zeit vor der Blechlawine, als Peter Staaks ein Kind war zum Beispiel und als man im Winter auf der Straße noch rodeln konnte. Ein paar alte Leute wohnen heute noch in der Umgebung, die bei Siemens damals die Pferde versorgt haben. Das war Anfang des Jahrhunderts. 1887 hatte Werner von Siemens das Schloß Biesdorf gekauft. Es liegt nördlich der B 1. Wer per PKW das Dorf durchquert, kann das heute arg vom Verfall gezeichnete Schlößchen von der Straße aus sehen. Heino Schmieden hatte die spätklassizistische Turmvilla mit Stilelementen der italienischen Renaissance 1868 gebaut. Erster Schloßherr war Hans Herrmann Freiherr von Rüxleben. Doch der Adlige war der Spielleidenschaft verfal-

len und mußte seinen wertvollen Besitz schließlich an den Baron Günther von Bültzingslöwen abtreten. Der hatte bald ähnliche Finanzprobleme, denn er hatte sich im Kaffeegeschäft verspekuliert. So mußten die Adligen ihren Besitz Siemens überlassen. Dessen Sohn Wilhelm ließ 1891 rund ums Schloß vom Landschaftsarchitekten Albert Brodersen einen Park im englischen Stil anlegen und experimentierte dann vor Ort. Vom Schloßturm aus testete er drahtlose Telegrafie. Der schnurgerade Parkweg mußte für Probefahrten der elektrischen Eisenbahn herhalten.

Das Kapitel Siemens ist lang vergangen. Park und Schloß stehen heute unter Denkmalschutz. Das Anwesen gehört dem Land Berlin. Schloßherr des alten Gemäuers ist der Verein Ball e. V., der die etwas verfallene Turmvilla sozusagen »bewohnt« und nach einem kulturellen Monatsprogramm mit Leben füllt. Zum Tanztee und zum Alt-Berliner Ball kommen die älteren Herrschaften aus der umgebenden Einfamilienhaussiedlung. Kinderfeste, Literatur, Musik und Ausstellungen gehören zum Programm.

Sonst gibt es in der Nähe nicht viel. Die Parkbühne, eine Freilichtbühne im Schloßpark, leidet unter vielen Vorschriften des Denkmalschutzes und ist fast immer leer. Auf dem Gelände des ehemaligen Erich-Weinert-Ensembles der NVA bietet heute das Theater am Park einen Ort für Veranstaltungen sowie Kinder- und Jugendarbeit. Nur die Tierklinik mit 24 Stunden Notfallbereitschaft ist zur wirklichen Berliner Adresse geworden.

So viel Betrieb wie früher ist längst nicht mehr, erzählen die Anwohner, viele kennen die Gegend noch aus Vorkriegstagen. Damals konnte man seinen Durst noch in drei Biergärten stillen. Biesdorf war Erholungsgebiet für Berliner, denn das sogenannte »Werder des Ostens« besaß

große Obstbaumplantagen. Jetzt stehen dort Wohnhäuser. Deren Bewohner kamen vor der Wende gut zurecht. An der Oberfeldstraße gab es einen Fischladen. Auch Textilien, Schreib- und Backwaren sowie Fleischwaren waren zu bekommen. Heute kann man dort zwar gut spazierengehen, von Läden ist aber keine Spur mehr.
Zwischen B 1 und Bahntrasse eingeklemmt, ist Alt-Biesdorf vom Kontrast zwischen Großstadtverkehr und beschaulicher Gartenidylle gekennzeichnet. Regelmäßig kommt es gegen Feierabend auf der B 1, die die alte Dorfkirche mit zwei Fahrbahnen umschließt, zum Stau. Von dem uralten Kern Bystertorffs – im Jahr 1250 erstmals erwähnt – ist nichts mehr übrig. Auch das stark expandierende Dorf der Jahrhundertwende hat nur wenige Spuren hinterlassen. Ein bißchen traurig sind die Biesdorfer darüber schon, aber künstlich wiederbelebt werden wollen sie nicht – wie das Dorf Alt-Marzahn, das zu DDR-Zeiten aufwendig rekonstuiert worden war. Ein Abstecher nach Alt-Biesdorf lohnt sich aber allemal, auch wenn Staaks eines Tages die Rolläden ganz herunter gelassen haben wird.

Die Meile der Schuhgeschäfte

Man hört lautes Hupen. Bremsen quietschen. Ungeduldige Passanten, bepackt mit schweren Einkaufstüten, warten auf das grüne Ampelmännchen. Ein Fahrradkurier saust mit halsbrecherischem Tempo vorbei. Die Luft riecht nach Abgasen, in den Ohren dröhnt der Verkehrslärm.

Ein typischer Tag an der Schloßstraße in Steglitz. Etwa 44 000 Menschen zieht es tagtäglich auf die 4,1 Kilometer lange Einkaufsmeile mit ihren etwa 270 Geschäften und Kaufhäusern. Die Schloßstraße steht bei den Berli-

nern hoch im Kurs. »Hier ist alles ein wenig kleiner und familiärer als am Kudamm«, erklärt eine Passantin den besonderen Reiz, »einfach menschlicher«.
Trotzdem halten sich die meisten Kunden nicht lange auf, hetzen nach dem Einkauf nach Hause. »Es fehlen Straßencafés oder andere nette Sitzmöglichkeiten«, kritisiert eine junge Studentin.
Ansonsten bietet die Schloßstraße fast alles, was das Käuferherz begehrt: vom Billig-Discount im nördlichen Teil bis zu Edel-Boutiquen im Süden. Und in der Mitte prangt futuristisch das rotblaue Turmrestaurant, von den Steglitzern »Bierpinsel« getauft. Ein Wahrzeichen des Bezirks.
Ob der alte Fritz je von diesem Trubel zu träumen gewagt hat? Anno 1792 ließ Friedrich Wilhelm II. die erste gepflasterte Straße Preußens von Berlin nach Potsdam bauen – ein Teil der heutigen Schloßstraße. Architektonische Gegensätze bestimmen mehr als 200 Jahre später das Antlitz der Shopping-Zeile: moderne Betonbauten neben stuckverzierten Jugendstilhäusern, frische Fensterfronten und blitzender Chrom neben verschnörkelten schmiedeeisernen Balkonen.
Diplomingenieur Axel Berger aus Lichterfelde achtet darauf nicht mehr. Er steuert zielstrebig auf das Bettenhaus »Rutz« zu, auf der Suche nach einem Kopfkissenbezug. »Ich kaufe nur in kleinen Geschäften«, sagt der 30jährige, »da ist der Service erstklassig.«
Auf Kundenfreundlichkeit und Exklusivität setzen vor allem die Einzelhändler – denn die Konkurrenz ist groß. Kaufhäuser wie Hertie, Wertheim und Karstadt haben im nördlichen Teil der Straße die Geschäftsnase vorn. Nur einen Steinwurf von der U-Bahn-Station Walther-Schreiber-Platz entfernt, lockt das »Forum« Steglitz. Etwa 300 000 Menschen strömen pro Jahr in das fünfstöckige Einkaufszen-

trum mit dem klassischen lateinischen Namen. Der 70er-Jahre-Bau verbirgt hinter seiner Fassade unter anderem einen Wochenmarkt, Boutiquen und Restaurants.
Unweit des »Forums« findet sich der erste von fast unzählbaren Schuhläden. »Wenn ich neue Treter brauche, komme ich immer hierher«, lacht Kerstin Odermatt aus Neukölln. »Schuhmeile« nennt der Volksmund deshalb auch die Straße, deren modernstes Aushängeschild die 1995 eröffnete »Galeria« bildet. Hinter verglastem Halbrund wird auf vier Etagen Extravagantes angeboten. Designerin Evelyn Böttke verkauft exklusive Hutmoden, rückt gerade ein handgemachtes Unikat auf dem Kopf einer Kundin zurecht. »Nur vormittags ist es manchmal zu ruhig«, sagt Böttke, »sonst tobt hier das Leben.« Allerdings nur bis Geschäftsschluß. Danach könnten die Bürgersteige getrost hoch geklappt werden. Nur vereinzelt flanieren Spaziergänger beim abendlichen Schaufensterbummel. Da ist unter der Erde mehr los. Dort braust die U-Bahn-Linie 9, die tagsüber – an ihren drei Haltestellen unter der Schloßstraße – die Einkaufslustigen ausspuckt. An der Endstation »Rathaus Steglitz« sind es 58 Treppenstufen von der Unterwelt bis ins Herz des 12. Berliner Verwaltungsbezirks.
Wo das alte und neue Steglitz zusammentreffen, fällt ein kurioses Durcheinander von Baustilen auf: die märkische Backsteingotik des 100 Jahre alten Rathauses auf der einen Seite und schräg gegenüber auf der anderen Seite der 27stöckige Kreisel. Das bauskandal-umwitterte Gebäude mit Bürotrakten, Geschäften, Hotel und Parkhaus galt in den 70er Jahren als größte Bauruine der Stadt. Seit Anfang der 80er Jahre werden viele Stockwerke von der Bezirksverwaltung genutzt. Von der hektischen Betriebsamkeit, wie sie rund um den »Bierpinsel« pulsiert, ist nahe des Kreisels und vor allem im Garten der

»Schwartzschen Villa« an der Grunewaldstraße kaum noch etwas zu spüren. Ruhige Romantik herrscht im kulturellen Dreh- und Angelpunkt des Bezirks – läßt sich das Leben bei Kaffee und selbstgebackenem Kuchen genießen. Wie eine stille Oase im brodelnden Kiez schimmert die gelbe Farbe des Jugendstilbaus einladend durch die Äste jahrhundertealter Bäume. Wenige hundert Meter weiter südlich: das Schloßparktheater, daneben das Gutshaus Steglitz, auch »Wrangelschlößchen« genannt, und das Kino »Adria«. Kultur neben Konsum.
Aber auch in Zukunft werden Läden, Geschäfte und Einkäufer das Gesicht der Schloßstraße bestimmen. »Wir sollten mehr Anreize für die Kunden schaffen«, lautet die Zielsetzung der Arbeitsgemeinschaft »Schloßstraße«. Konkrete Vorschläge gibt es bisher allerdings nicht. Und für lange Überlegungen fehlt den Gewerbetreibenden und den Kunden meist die Zeit.

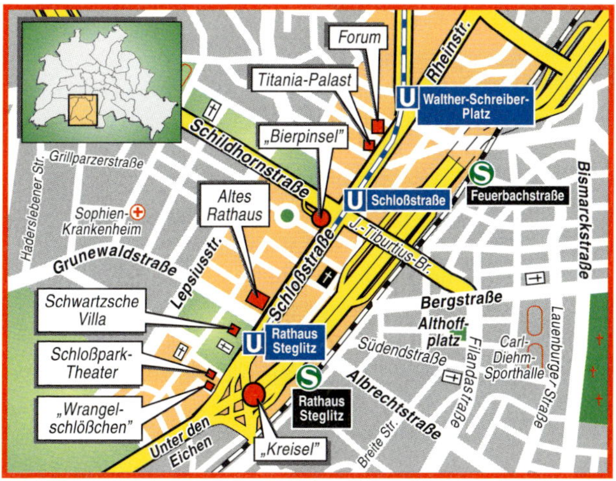

Das schönste Fleckchen von »Klein-Istanbul«

Sobald im Frühjahr die Knospen sprießen, kommen auch die Menschen ans Tageslicht. In Massen strömen sie in den Viktoriapark. Sie bewundern den Wasserfall, flanieren durch die Wolfsschlucht oder stapfen zum Schinkelschen »Nationaldenkmal für die Befreiungskriege« von 1813–15 hinauf, dessen Kreuz Berg und Bezirk den Namen gab. Und genießen die prächtige Aussicht. Während außenherum an Katzbach-, Kreuzberg-, Methfessel- und Dudenstraße nicht gerade das Leben tobt, ist der Park grüne Lunge und pulsierendes Herz zugleich.
Die Kronprinzessin und spätere 99-Tage-Kaiserin Victo-

ria stand Pate für den Namen der Grünanlage, die nach Plänen des städtischen Gartendirektors Hermann Mächtig von 1888 bis 1894 angelegt wurde.
»Hier ist schon der schönste Platz in Kreuzberg«, findet Wolfgang Rathke, seit 1989 für den Park verantwortlich. Gern würde er ihn nach historischen Plänen verschönern, doch angesichts von Zerstörung und Personalmangel hat der Gärtner resigniert: Für Neupflanzungen und aufwendige Pflege bleibe keine Zeit. Zwei bis vier Mitarbeiter reichten gerade, den Park einigermaßen sauberzuhalten. Kein Wunder, nach Schätzungen Rathkes pilgern an einem heißen Sommertag mehrere tausend Menschen in die Grünanlage. Sie brutzeln auf den Wiesen oder gönnen sich im »Golgatha« ein kühles Bier. Schon vormittags bevölkern den Biergarten Studenten, die ihren Hinterhauswohnungen entfliehen. Abends und an Wochenenden sind die Holztische ebenso umlagert wie Würstchengrill und Bierausschank.
Unter der Woche ist es gemächlicher. Da kommen vor allem die Anwohner. Besonders kleine Kiezbewohner und ihre Eltern zieht es ins Grüne. Auf dem großen Spielplatz ist die Hölle los. Türkische Mütter, alternative Gesundheitsschuh-Trägerinnen, schrill gestylte Szene-Mamis schwatzen miteinander und haben dabei ein Auge auf ihre Sprößlinge. Daß es »von den Leuten her schön gemischt« ist, gefällt einer 32jährigen, die stets mit ihren zwei Kindern herkommt, besonders: »In Schöneberg sind sie oft etepetete, in Neukölln ist der Ton rauher.«
Die Hunde und deren Dreck nimmt nicht nur sie zähneknirschend in Kauf, hat der Park doch für Großstadtgören viel zu bieten. Im Sommer plantschen sie am Wasserfall, im Winter rodeln sie johlend den Kreuzberg hinunter. Zu jeder Jahreszeit verwöhnen sie die Tiere mit Grünzeug:

Ziegen, Meerschweinchen und Kaninchen, die Waschbären Max und Moritz und den Gänserich Purzel.
Auf der Rückseite der Tiergehege trifft sich schon seit den 50er Jahren die Jugend. Das Häuschen – vor 100 Jahren Domizil vom Gartendirektor – war bis Ende 1997 als Jugendkultur- und Kommunikationszentrum »Villa Kreuzberg« stadtbekannt. Jetzt beherbergt es ein Freizeitzentrum für Mädchen und junge Frauen.
Auch im Süden des Parks soll im neuen Jahrtausend Kultur einziehen: auf dem ehemaligen Gelände der Schultheiss-Brauerei, die dort schon seit 1994 kein Bier mehr braut. Millionen Mark werden investiert, um in den denkmalgeschützten Backstein- und modernen Neubauten eine Mischung aus Wohnen, Arbeiten und Kultur entstehen zu lassen. Einen Vorgeschmack geben die alljährlichen »Kreuzberger Hofkonzerte« mit Klassik und Jazz im Schmiedehof der Brauerei jetzt schon.
Um den Park dominiert Berliner Altbau. Verkommene Gebäude lehnen sich an fein sanierte, bieten in »einfacher Wohnlage« auch »kleinen Leuten« bezahlbaren Wohnraum. Über ihnen leben in ausgebauten Dachgeschossen Besserverdiener. Zwischen Yorck- und Kreuzbergstraße vergißt man inmitten prächtiger Altbauten das Klischee vom schmuddeligen Kreuzberg, von Klein-Istanbul und Autonomen-Randale. Besonders prachtvoll: die Wohnanlage »Riehmers Hofgarten« mit Höfen, Gärten und gepflasterten Wegen. Der Ende des 19. Jahrhunderts errichtete und 1983 bis 1984 modernisierte und restaurierte Gebäudekomplex steht heute unter Denkmalschutz.
Ältere Menschen, die um den Viktoriapark zu Hause sind, lieben die ruhige Wohnadresse. »Wenn mal Demos sind, sind wir nicht betroffen«, freut sich eine 71jährige aus der Großbeerenstraße. Eine junge Frau über ihre Nachbarn in

der Hagelberger Straße: »Leute zwischen drei und 75 Jahren, Arbeiter, Studenten und Familien unterschiedlicher Nationalität.«
Multi-Kulti auch in Läden und Kneipen. Türkische und asiatische Lebensmittel für jeden Tag, Feines vom Italiener. Von der Eckkneipe über Imbißbuden bis zu chinesischen, ägyptischen, mexikanischen Spezialitäten – für jeden Geschmack und Geldbeutel gibt die Gegend etwas her. Geheimtip: die Eisdiele in der Kreuzbergstraße Gegenüber tischt die legendäre »Osteria No. 1« Italienisches auf. Die Gäste, ehemals Studenten, machten Karriere und mit ihnen das Restaurant. Heute speist dort auch Prominenz. »Trotzdem kommen Studenten und normale Leute«, verrät der Geschäftsführer: Die Mischung stimmt.

Der Ort, an dem die ersten durch die Mauer schlüpften

Bis gegen 20 Uhr war der 9. November 1989 am Grenzübergang Bornholmer Straße ein ziemlich normaler Tag. Doch dann sammeln sich vor dem östlichen Schlagbaum immer mehr Menschen. Wie ein Lauffeuer hatte sich die Meldung verbreitet, jeder könne ab sofort in den Westen ausreisen. Wenige Neugierige wachsen schnell zu einer unübersehbaren Menge.

Die Leute schieben, drücken, drängeln, sie rufen »Macht

das Tor auf« und »Wir kommen wieder«. Gegen 21 Uhr dann die Sensation: Der Befehlshabende ordnet an, DDR-Bürger ohne Visum in den Westen zu lassen. Die Mauer hat ihr erstes Schlupfloch.
Aus dem Nadelöhr ist heute eine vierspurige Schnellstraße geworden. Über die Böse-Brücke braust der Verkehr. Dazwischen schlängelt sich die Tram wieder vom Prenzlauer Berg in den Wedding. Ein schlichter Gedenkstein und zwei Bronzetafeln an den Brückenköpfen erinnern an den Grenzübergang.
Bis die neue Brücke an der Behmstraße im Jahr 2000 fertig ist, gibt es neben der Eberswalder Straße nur noch eine weitere Verbindung zwischen beiden Bezirken: den Gleimtunnel. Gegen dessen Öffnung vier Jahre nach dem Mauerfall sind viele Kiez-Bewohner damals friedlich Sturm gelaufen. »Vielen Dank für den Gestank«, schrieben sie auf Plakate. Mit Mahnwachen protestierten sie gegen den Durchgangsverkehr. Freie Fahrt ja, aber bitte nicht vor der eigenen Haustür.
Doch die befürchtete Blechlawine blieb aus. Auch persönliche Kontakte über die einstige Grenze hinweg sind spärlich. Man bleibt unter sich. Mit der Ruhe ist es trotzdem vorbei. Der Kiez, den der S-Bahn-Außenring durchschneidet, ist aus dem Schattendasein an der Mauer herausgetreten. Älteren und angestammten Bewohnern fällt es schwer, den neuen Zeiten in ihrem Kiez Positives abzugewinnen. Das heruntergekommene Mietskasernen-Viertel wurde leider nicht zum Sanierungsgebiet. »Eher zum Tummelplatz der Spekulanten«, klagen wie Rentner Dieter Richnow viele Anwohner. Er zeigt Immobilienanzeigen: Makler bieten topsanierte Altbau-Wohnungen für 4400 Mark pro Quadratmeter zum Kauf, werben mit Garantiemieten weit über den bezirklichen Obergrenzen.

Gegenüber von Richnows Wohnung am Falkplatz glänzt als Fanal der neuen Zeiten die Glasfassade der Max-Schmeling-Halle neben dem Jahn-Stadion, in dem auch der Mielke-Klub BFC Dynamo kickte. Eigentlich wurde die Halle, die Box-Idol Schmeling im Dezember 1996 selbst einweihte, für die Olympiade 2000 gebaut. Jetzt geht Alba Berlin in dem 200-Millionen-Mark-Bau auf Körbejagd, und gelegentlich zieht Weltsport ein.

Die Gegend entlang der Schönhauser Allee, zwischen »Bornholmer«, »Eberswalder« und der ehemaligen Ost-West-Grenze, ist im schnellen Wandel. Im Gleim-Kiez, bisher eine Gegend der kleinen Leute, wechseln derzeit viele Mieter. Rund um den bereits zu DDR-Zeit sanierten Arnimplatz wohnt ein Viertel der Anwohner seit nicht einmal zwei Jahren. Auch diese Ecke des Prenzlauer Bergs wird allmählich schicker für betuchteres, junges Publikum. »Familien gehen, Alleinstehende und Besserverdiener kommen«, behauptet Dieter Richnow, seit 1979 im Kiez. Zugezogen ist etwa Student Felix Knüpling. Der »Wessi« wohnt kiez-typisch: Kohleofen, Dusche in der Küche, 280 Mark warm für 36 Quadratmeter. »Ich bin wegen meiner Freunde hergezogen.« Der 25jährige schätzt besonders den Mauerpark: Der einstige Grenzstreifen zieht schon beim ersten Sonnenstrahl das Szene-Volk an.

Abends empfängt der Kiez Gäste aus ganz Berlin. Im »Schall und Rauch« an der Gleimstraße trifft sich schickes, junges Publikum an der langgestreckten Bar, im »Café Amsterdam« zucken Raver bis in den Morgen zum Techno-Beat. Die Gastronomen setzen auf den Kneipen-Boom im Prenzlauer Berg. So bietet etwa »Zum Ribbeck« an der Milastraße gehobene havelländische Küche, nebenan die »Villa Groterjan« im historischen Stil eine »ambitionierte Wildkarte«. Wirt Rocco Grüning, der eine dreiviertel Million Mark investierte, will an die Tradition der einstigen Brauerei-Villa anknüpfen. Beim Ostberliner gilt Optimismus. »Sonntags-Brunch ohne Tisch-Reservierung – keine Chance.« Wie das Viertel einmal aussehen kann, läßt der Arnimplatz ahnen. Schon bald soll um die Bronze-Skulptur für das Dichter-Paar Bettina und Achim von Arnim wieder eine gepflegte Anlage mit historischen Schwengelpumpen, Rosengarten und Spielplatz entstehen.

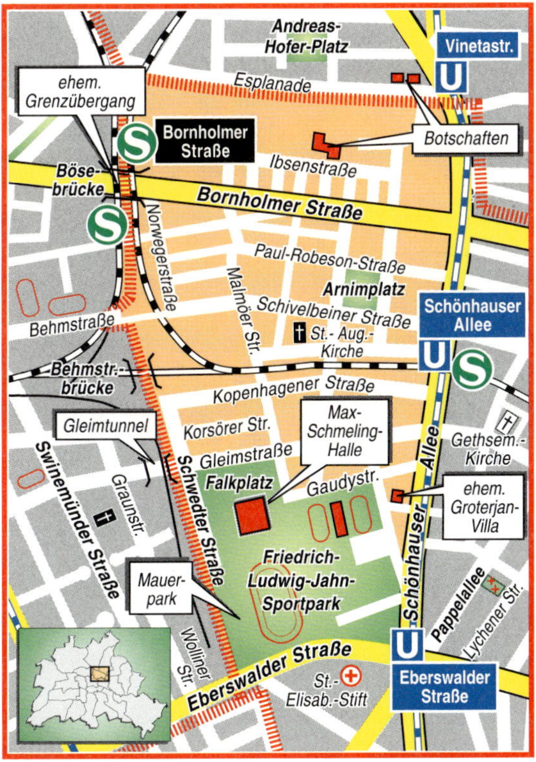

Brücken, Bären, Bürgerhäuser

Früher kamen Charlie Chaplin, Hans Fallada, Heinrich Zille und Maxim Gorki in die Gaststätte »Zur letzten Instanz« in der Waisenstraße. Heute kommen Herr Schulze und Frau Meier gelegentlich vorbei. Berlins ältester Gaststätte, die 1621 von einem Reitknecht des Kurfürsten als Branntweinstube eröffnet wurde, sind die prominenten Gäste ausgegangen. Dabei sei es hier doch »so urig«, sagen die Gäste und nehmen auf der Bank vor dem alten Majolika-Kachelofen am Tresen Platz. Im Gastraum ist es ruhig, auch vor der Tür sind nur gelegentlich einige versprengte Gestalten zu sehen. Ob an diesem Abend noch die hungrige Gesellschaft oder die durstige Herrenrunde kommt, weiß niemand. Das Viertel um Märkisches Ufer und Molkenmarkt, dem ältesten Platz Berlins, ist geschichtsträchtig, aber überrannt von Touristen wird es nicht. Von Investoren schon eher. Immobilien und Firmensitze an der innerstädtischen Spree sind begehrt. Hotels entstehen und Büros, alte Häuser werden entkernt und Straßen aufgerissen. So ist dieses historische Pflaster unweit des Alexanderplatzes die Gegend der stillen Superlative. Bis auf die Brückenstraße. Sie verbindet Mitte mit Kreuzberg und rangiert unter Berlins lautesten Straßen auf Platz eins. Wer vom Alex her den stark befahrenen Mühlendamm überquert hat, taucht ein in das historische Terrain. Allerorts trifft man auf Hüter und Bewahrer der Stadtgeschichte seit 1237. Einer ist Uwe Karsten vom »Förderverein Klosterkirche«. In einer Holzhütte am Rande der Ruine sitzt er, der Streiter für den Erhalt des gotischen Denkmals. Manchmal kommen kaum fünfzig Besucher. »Zuwenig, um möglichst schnell die 3,5 Millionen Mark für die Sanierung, wenigstens die Erhaltung der Ruine reinzubekommen.« Eile ist geboten, sonst kann der verbliebene Kloster-Korpus bald nicht mehr Domizil für Ausstellungen sein. Zeugnisse der Stadtgeschichte haben in dieser Gegend ohnehin schweren Stand. Nachdem sie die einst reichlich vorhandene »Berliner Mauer« nahezu restlos zerlegt haben, haben »Mauerspechte« Gefallen an dem nach dem Krieg wiederentdeckten Stück der Stadtmauer von 1250 gefunden. »Um die Zerstörung zu stoppen, wurde ein Sperrgitter um die Mauer gestellt«, berichtet Mario Köppen, der seit 1989 in der angrenzenden »Letzten Instanz« Bier zapft und den zumeist ausländischen Gästen

das »Gerichtsschreiber-Eisbein« oder die Schlachteplatte »Kreuzverhör« an die gediegenen Eichentische bringt.
Über die ebenfalls verkehrsreiche Stralauer Straße und die Jannowitzbrücke am gleichnamigen S- und U-Bahnhof gelangt man zum Märkischen Ufer. Zwischen historischen Fundstücken des Freilichtmuseums »Lapidarium« toben Kinder aus dem nahen Heinrich-Heine-Viertel.
Auch die im Zwinger lebenden Braunbären sind für die Rotznasen längst nichts Besonderes mehr. Eher neugierig werden die drei Berliner Wappentiere Tilo, Maxi und Schnute von Touristen beäugt. Einer, der nie das Interesse an den Petzen verliert, ist Bernd Unger. Fast täglich wacht er mit Argusaugen über seine Schützlinge. Der Gründer des Vereins »Berliner Bärenfreunde« steht regelmäßig am Zwinger, informiert und verkauft »zum Wohle der Bären« Souvenirs. Bärenpostkarten, Bären aus Plüsch und Bärengedichte wie: »Berlin ist wieder bärenstark, nicht nur im Zwinger im Köllnischen Park.«
Vor dem Märkischen Museum mit Schätzen der Berlin-Geschichte wacht ein friedlicher Recke: die fünf Meter hohe Rolandsfigur. Am Spreekanalufer entlang, vorbei am historischen Hafen mit alten Schleppkähnen, erblickt der Flaneur die Inselbrücke, eine Spreequerung von 1693. In diesem Bereich des Märkischen Ufers entstanden seit dem 18. Jahrhundert schmucke Bürgerhäuser. Einige wurden im Zweiten Weltkrieg zerstört, andere Ende der 60er Jahre restauriert. In die durch Kriegsschäden entstandenen Lükken in der Häuserzeile wurden Bürgerhäuser aus anderen Gegenden der Stadt implantiert. Das bekannteste Gebäude: das historische Ermelerhaus mit schon zu DDR-Zeiten erlesener Gastronomie. Im Mai 1997 öffnete es am Märkischen Ufer nach Restaurierung mit angegliedertem »art 'otel Ermelerhaus«, einer der Kunst verpflichteten Her-

berge mit Werken von Georg Baselitz. Doch ab und zu dringt in die Gegend, ins stille historische »Stöberstübchen«, wo einst die Wiege der Hauptstadt stand, auch sehr Gegenwärtiges: Da fährt etwa eine silbrige Karosse am Märkischen Ufer vor. Der Altmeister des Deutschrocks, Udo Lindenberg, besucht dann seinen Freund, den Investor des Hotels Dirk Gädeke, um dessen frischgeputztes Haus zu besichtigen.

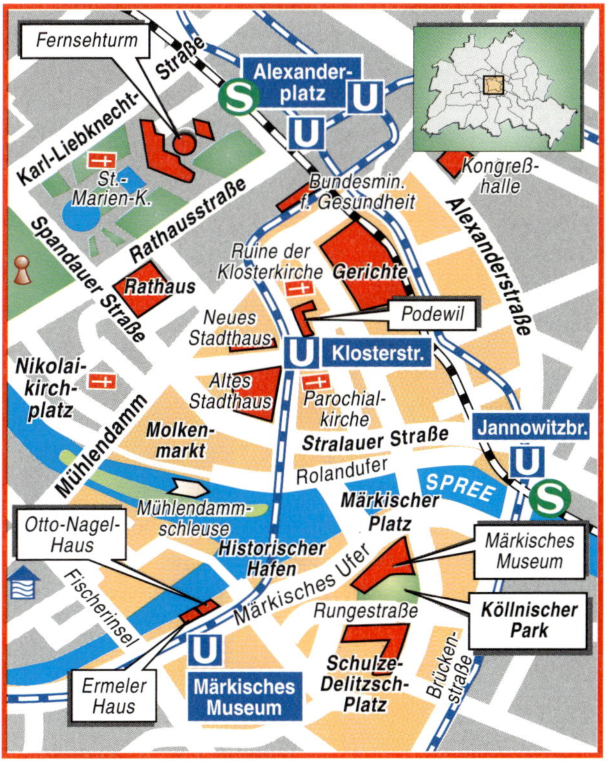

Vornehmes Pflaster der zwanziger Jahre

Ruhig sei die Gegend, sagt der Kioskbetreiber. Der Mann mit dem graumelierten Rauschebart muß es wissen. Seit 1973 betreibt Gerhard Müller den Zeitungskiosk an der Bozener Straße nahe Grunewaldstraße. Jeden Morgen um halb zwei steht er auf, ab 4.30 Uhr ist sein Kiosk geöffnet. »Vorher bringe ich meinen Stammkunden die Zeitung vor die Haustür.«

Im Kiez rund um den Bayerischen Platz in Schöneberg

wohnen viele ältere Leute, auch wenn die jungen langsam nachziehen, wie der Frühaufsteher beobachtet hat. Doch lockt die ruhige Gegend nicht nur Neu-Berliner, die nahe dem Zentrum wohnen wollen. Auch Neugierige, die es dem früher an der Hohenstaufenstraße wohnenden »rasenden Reporter« Egon Erwin Kisch gleichtun und mit offenen Augen durch die Seitenstraßen wandern, finden manch interessante Spur aus der Vergangenheit.
Georg Haberland, Direktor der Berlinischen Bodengesellschaft, schuf ab 1908 rund um den 1907/08 von Fritz Encke gestalteten symmetrischen Bayerischen Platz herrschaftliche Mietshäuser. Wohlgemerkt: der Platz war, anders als heute üblich, zuerst fertig. So konnte man wohl mehr Miete in der schönen Gegend verlangen.
Von den architektonischen Schmuckstücken sind lediglich südlich des Platzes einige erhalten. Ärzte und Heilpraktiker haben sich dort niedergelassen. Auf der Nordseite dominieren heute karge Ein- bis Zwei-Zimmer-Wohnungen aus den 50er Jahren: Über 70 Prozent des Viertels hatten Kriegsbomben zerstört – weil »hier nach 1938 viele Nazi-Größen wohnten«, wie Alteingesessene erzählen.
Noch früher, vor 1933, als Religions- oder Rassenzugehörigkeit noch keine Rolle spielten, war es der Kiez jüdischer Geschäftsleute, Künstler und Ärzte. Während der Nazi-Zeit wurden 6069 jüdische Bewohner des Viertels deportiert, eine Zahl, die mit preußischer Gründlichkeit in den offiziellen Listen festgehalten wurde.
Bis zu seiner Emigration in die USA 1933 wohnte auch Nobelpreisträger Albert Einstein an der Haberlandstraße, wo dem Physiker ein Gedenkstein gewidmet ist. An das schreckliche Schicksal der jüdischen Bürger erinnern heute Gedenktafeln und die 1963 von Gerson Fehrenbach errichtete Skulptur aus Muschelkalk an der Münchener

Straße 34–38. Bis 1956 stand dort eine orthodoxe Synagoge der jüdischen Gemeinde, die – vom Krieg kaum beschädigt – im Zuge des Wiederaufbaus abgerissen wurde. 80 »Denk-Tafeln« von Renata Stih und Frieder Schnock sind seit Anfang der 90er Jahre an Straßenlaternen des Viertels angebracht. Sie zeigen auf der einen Seite alltägliche Symbole, auf der anderen Seite Verordnungen der Nazis gegen jüdisches Leben. Bei den Berlinern war diese Form des Gedenkens nicht unumstritten. Viele empfanden sie als erklärungsbedürftig und »kalt«.
Wenig ist geblieben vom lebendigen Geschäftsviertel der 20er Jahre. Wer heute vom U-Bahnhof nach Hause eilt, erledigt seine Einkäufe an der den Platz durchschneidenden Grunewaldstraße, wo Ruhnke und Drospa, Kaiser's Drugstore und Spar Euromarkt angesiedelt sind. Die großen Filialen übernahmen verlassene Restaurants, Bankhäuser dominieren das Bild.
Etwas versteckt zwischen aufdringlichen Lichtreklamen liegt die Schuhmacherei Horst Wodarz beinahe wie ein Relikt aus alten Zeiten. Seit 1966 betreibt der Meister sein Geschäft. In den Regalen der kleinen Werkstatt stapeln sich echte »Budapester«, die dort fachmännisch repariert werden. Wodarz ist »ganz zufrieden« mit den Umsätzen, aus ganz Berlin kommen die Kunden zum Spezialisten.
Vom gegenüberliegenden Platz brüllt der bronzene Löwe herüber, den die bayerische Staatskanzlei 1958 für den neuen Platz stiftete, um »die Verbundenheit Bayerns mit Berlin zu betonen«.
Olaf Höftmann betreibt gemeinsam mit seinem Sohn Frank seit 25 Jahren das Geschäft »Blumen Hübener«. »Viele Besserverdiener sind nach der Wende ins grüne Brandenburg gezogen«, sagt Höftmann. Im Geschäft merkt auch der Florist, daß den Leuten »das Geld nicht mehr

locker sitzt«. Zum Glück sind Stammkunden – »viele Lehrer und Pädagogen« – treu geblieben. »Vor 15 Jahren hatte der Kiez noch Charme. Es gab Cafés, auf Bänken am Platz saßen die älteren Leutchen in der Sonne«, schwärmt Höftmann von früher und ist Anfang der 90er vom Bayerischen Viertel aufs Land gezogen.

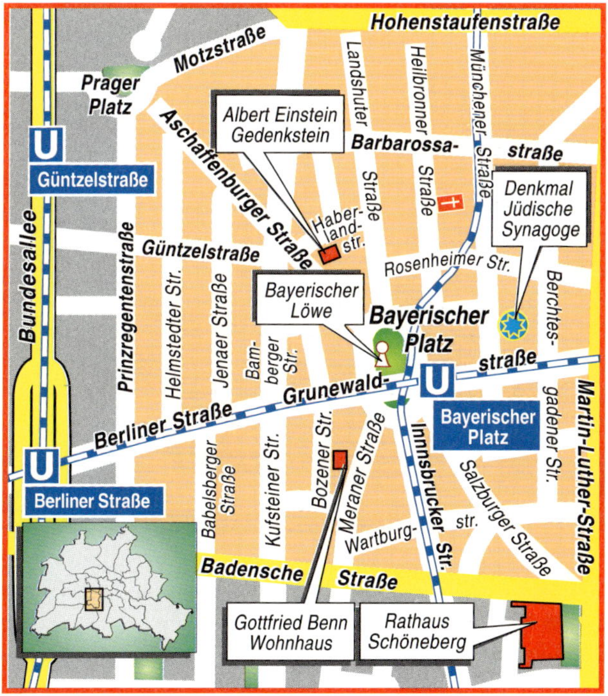

Zwischen Jesus-Kirche und »Wodka-König«

Ein ungewöhnlicher Weckruf schallt über den alten Kaulsdorfer Anger. »Laßt uns jubilieren« trällert es aus vierzig Kehlen und lockt auch die Verschlafenen neugierig ans Fenster. Vor der Jesus-Kirche hat sich der Frauenchor aus dem benachbarten Mahlsdorf postiert und leitet mit seinem Ständchen die Feier zum 650jährigen Geburtstag des alten Kaulsdorf ein. Zwei Tage lang durchflutete lautes Leben Ende August 1997 den Dorfkern, der sich sonst unauffällig und still zwischen der Bundesstraße 1/5 und der S-Bahntrasse nach Strausberg neben dem Wuhletal versteckt.

Musik- und Tanzgruppen agierten an diesem Sommerwochenende auf der Bühne neben der Jesus-Kirche. Eine Ausstellung zeichnete die Geschichte des nun zu Hellersdorf gehörenden Ortsteils nach. Verkaufsstände lockten mit Würstchen, Bier, Süßigkeiten und auch Ramsch. Eine junge Frau verkaufte selbstgefertigte Marionetten. Sie hätte sich noch mehr Trubel gewünscht. »Aber man ist hier nicht so schnell für gemeinsame Sachen zu haben«, bedauerte sie.

Im Alltag pulsiert das Leben in den Straßen östlich des Dorfkerns. Einen regelrechten Boom gibt es vor allem im Mädewalder Weg und in der Planitzstraße. Wohn- und Geschäftsbauten entstehen, aber vor allem Eigenheime sprießen in ganz Kaulsdorf wie Pilze aus dem Boden. Jedes Jahr werden für das gesamte Hellersdorfer Siedlungsgebiet über 700 Baugenehmigungen für Ein- bis Zweifamilienhäuser erteilt. Grundstücksteilungen in großem Umfang machen's möglich.

Von diesem Boom weitgehend unberührt blieb bisher der alte Dorfkern: Die Jesus-Kirche, ein gotischer Feldsteinbau, der um 1300 errichtet wurde, bildet dort den Mittelpunkt. Rund um die Kirche – typisch für ein Angerdorf – gruppieren sich 40 Bauernhäuser. In einigen von ihnen wohnen noch alte Bauernfamilien – teilweise schon seit dem 16. Jahrhundert.

Die durch Landverkauf wohlhabend gewordenen Bauern errichteten um 1900 ihre Häuser nach städtischem Vorbild mit Putzfassaden und Zierleisten am Gesims und in Stockwerkhöhe. Heute steht das gesamte Ensemble Alt-Kaulsdorf unter Denkmalschutz.

Das vermutlich Ende des 12. Jahrhunderts gegründete Dorf erlangte vor hundert Jahren als Ausflugsziel Berühmtheit. Die zwischen 1847 und 1867 errichtete »Königliche Ostbahn« brachte streß- und lärmgeplagte Bewohner der wachsenden Mietskasernen direkt in das malerische Fleckchen. Über 30 Gaststätten nahmen die Scharen der Erholungsuchenden damals auf.
Geschichtsträchtig sind aber vor allem die ersten Versuche zur fabrikmäßigen Gewinnung von Zucker aus der »Runkelrübe«, die damals dort angebaut wurde. Der Berliner Chemiker Franz Carl Achard machte sich damit gegen Ende des 18. Jahrhunderts auf dem ehemaligen Bauernfreigut an der Dorfstraße, Ecke Alt-Kaulsdorf, einen Namen. Zehn Jahre brauchte er, bis er die ersten Tüten mit Rübenzucker verkaufen konnte. Nach einem verheerenden Brand verlegte er seine Arbeit jedoch ins schlesische Cunern.
Heute genießt der Gutshof erneut überregionalen Ruf – »Wodka-König« Sergej Schilkin betreibt dort seine florierende Schnapsbrennerei. Der clevere Chef hatte auch zum Ortsgeburtstag eine Idee und widmete ihm einen »Jubiläums-Bitter«. Schilkin wurde inzwischen zu einem richtigen Kaulsdorfer Original. Denn der betagte Herr, den es 1921 mit seiner Familie von St. Petersburg nach Berlin verschlug, zeigt auch außerhalb seines Unternehmens Engagement. So unterstützte er die Sanierung der Jesus-Kirche. Und auch Sport- und Kulturvereinen greift der Unternehmer gelegentlich unter die Arme.
Der Glanz alter Tage indes ist im Dorfkern heute nur noch zu erahnen. Während Anfang der 80er Jahre in Kaulsdorf Nord, zwischen Gülzower und Cecilienstraße, Plattenbauten in die Höhe wuchsen, verfiel der Dorfkern. Immerhin: Seit 1992 haben einige Besitzer ihre Häuser auf

Vordermann gebracht. Versteckt hinter der Dorfstraße entstanden gar 35 neue Wohnungen.

Die Infrastruktur jedoch hält nicht mit. So gibt es in unmittelbarer Nähe keine Gaststätte. Fremde finden kaum hierher, und Einheimische essen und trinken lieber zu Hause. »Keiner bezahlt doch sechs Mark für Kaffee und Kuchen«, benennt eine Neu-Kaulsdorferin das Problem.

An der Dorfstraße 13 hat sie ein Bauernhaus gekauft – mit Baujahr 1840 das älteste am Ort. Die Idee, hier einen Blumenladen zu eröffnen, hat die Mutter indes aufgegeben.

Ohnehin sind nicht alle von solchen Wiederbelebungsplänen begeistert. Einige der Bauern wünschen sich weder Ausflügler noch neue Bewohner: »Hier soll alles schön ruhig bleiben«, sagen sie. Auch diese Perspektive hat ihren Reiz. Denn in der verschlafenen Ruhe dicht am Stadtrand liegt der besondere Charme des Kaulsdorfer Dorfkerns.

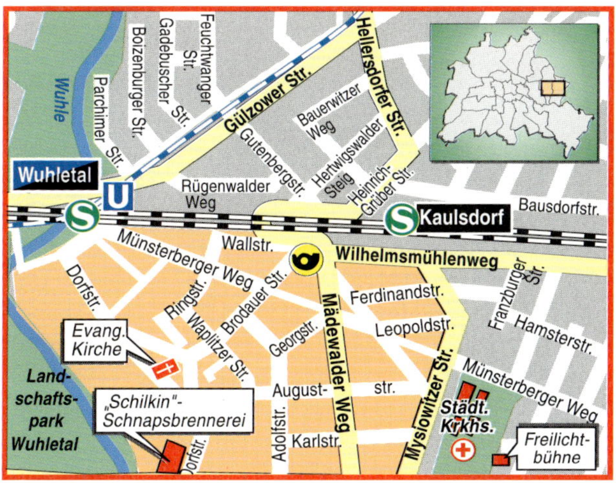

Studenten und neue Lokale: Die Szene ist im Anmarsch

Enge, lichtlose Hinterhöfe, die an Elendsbilder rachitischer Kinder um die Jahrhundertwende denken lassen. Kopfsteinpflasterstraßen – so buckelig, daß Tempo-30-Schilder eigentlich überflüssig sind. Aber auch prunkvolle Gründerzeit-Fassaden, die vom Selbstbewußtsein des Bürgertums erzählen.
Rund um den Boxhagener Platz erstreckt sich einer der wenigen Kieze im Ostteil der Stadt, der Kriegszerstörungen und anschließende Gestaltungslust der DDR-Baumeister nahezu unbeschadet überstanden hat.
Von den Nachwendezeiten künden inzwischen nicht nur

Plastikblumen »Made in Taiwan«, die auf dem dreimal wöchentlich stattfindenden Markt am Boxhagener Platz feilgeboten werden. Auch die Pizzerien und Dönerbuden, die rund um den Platz eröffnet haben, sind ein untrügliches Zeichen. Inzwischen sind sanierte Häuser am Boxhagener Platz dabei, den einst allgegenwärtigen DDR-Rauhputz zu verdrängen. In den engen Seitenstraßen dominiert allerdings das düstere Grau auch weiterhin.

Dennoch leben im Kiez viele Zugereiste. Der relativ preiswerte Wohnraum hat dazu geführt, daß immer mehr Studenten den Kiez für sich entdeckt haben. Die zahlreichen kleinen Hinterhofwohnungen, oft noch mit Kohlenheizung und Außentoilette, sind unter Bafög-Empfängern sehr beliebt.

Das traditionelle Arbeiterquartier wurde um 1900 auf dem ehemaligen »Vorwerk Boxhagen« angelegt. Die einst blühenden Gärten und Gemüseanpflanzungen wurden mit Massen-Wohnquartieren für Fabrikarbeiter und kleine Beamte bebaut. Nur noch Namen wie die Gärtnerstraße erinnern daran, daß hier einst mehr wuchs als das von Hunden und ihren Besitzern, Sonnenhungrigen und Kindern intensiv genutzte Grün auf dem Boxhagener Platz.

Gewerbetreibende haben es im Kiez nicht leicht. Der erhoffte Aufschwung nach der Wende blieb aus. Familien mit Kindern, die es sich leisten können, ziehen weg. An der Boxhagener Straße, einst erste Adresse für den Einkauf im Kiez, gehen die Geschäfte schlecht. Der Fleischer hat dichtgemacht, die Drogerie aufgegeben und die Post geschlossen. Viele Läden stehen leer, in den Fenstern hängen Schilder: »Zu vermieten.«

Wer im Kiez Geschäfte machen will, muß sich nach dem schmalen Geldbeutel seiner Kundschaft richten. Deshalb bietet das alteingesessene Kino »Intimes« an der Nieder-

barnimstraße 15 gleich dreimal in der Woche einen Kinotag – Eintritt sechs Mark. Mit insgesamt 100 Plätzen macht es seinem Namen alle Ehre – und das seit 1920. Aber die Zeiten sind härter geworden, seit das »Kosmos« an der Karl-Marx-Allee zum Multiplexkino mit 3400 Plätzen ausgebaut wurde.
Neben dem Kleine-Leute-Image haftet dem Bezirk auch der Ruch des Kriminellen an. Nicht nur, daß in der Gärtnerstraße Mitte der 90er Jahre auf offener Straße vietnamesische Zigarettenhändler ihre Revierkämpfe mit Waffengewalt blutig austrugen. Auch der Überfall vermummter Sympathisanten der Besetzerszene auf die Straßenbahn im Sommer 1996 und die Straßenschlachten im November 1990 sind vielen Berlinern im Gedächtnis geblieben.
Inzwischen sind die meisten Häuser zwar geräumt oder aus den ehemaligen Hausbesetzern – wie an der Kreutziger Straße – Hausbesitzer geworden. Die Zigarettenhändler, die zu den Markttagen unauffällig zwischen Obst- und Gemüseständen stehen, sind auch nicht mehr so zahlreich vertreten. Doch die Kiezbewohner haben sich längst daran gewöhnt, daß Freunde und Verwandte aus anderen Stadtteilen immer wieder mitleidig fragen, wie man es dort aushalten könne.
Für das Gruseln, das gutbetuchte Bürger auch anno dazumal in dieser Gegend befiel, gibt Friedrichshains Bürgermeister Paul Mielitz (SPD, 1920–1933) ein exemplarisches Beispiel: »Hier beginnt eine fremde Stadt, es beginnt das, was der Bürger mit Gruseln als Unterwelt bezeichnet und beginnt das, was sich von seiner Welt nur durch seine unbestimmte Trostlosigkeit unterscheidet.«
Von »Trostlosigkeit« wollen die Boxhagianer allerdings nichts wissen. Denn Anzeichen für den Aufschwung vermitteln nicht nur die renovierten Fassaden.

Abseits von den Szenepisten in Mitte oder Prenzlauer Berg hat auch dieser Kiez eine beachtliche Kneipenkultur. In den Bars und Lokalen an Simon-Dach- und Wühlischstraße, die sich mittlerweile zu einer kleinen Szene-Meile entwickelt haben, kostet der halbe Liter Bier moderate 4,50 Mark, und bei Angeboten wie »sonntags: Glas Sekt, 2 DM« etwa im »Daneben« in der Simon-Dach-Straße 36, kann von einer »Yuppiesierung« keine Rede sein.
Auch die Knorrpromenade, ein architektonisches Jugendstil-Glanzlicht, gibt Hoffnung. An vielen Häusern wird emsig gewerkelt, das frisch sanierte Kunst- und Kulturhaus »Knorre 2« bietet mit dem Konzept, Kunst durch Gastronomie zu finanzieren, Lesungen, Ausstellungen, Theater und Konzerte zu erschwinglichen Preisen.

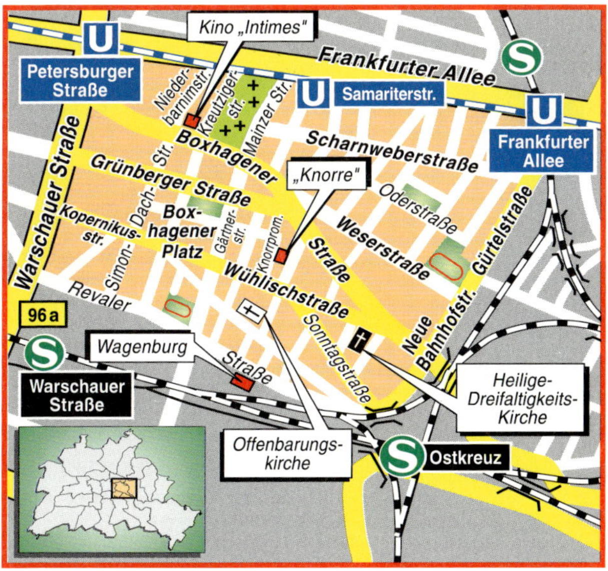

Bahnhof Zoo im Wandel – doch »seine Kinder« sind noch da

»Es war ein ungeheuer mieser Bahnhof. Da lagen Penner in ihrer Kotze, überall hingen Besoffene rum«, schrieb die heroinsüchtige Christiane F. in ihrem Kultbuch »Wir Kinder vom Bahnhof Zoo«. 20 Jahre später scheint die triste Kulisse verschwunden zu sein. Wo der Reisende früher seinen Weg durch Obdachlose, Strichjungen und Fixer bahnen mußte, laden ihn heute hübsche Geschäfte und Bistros ein.

Die öde Fernbahnhalle des Bahnhofs Zoo hat sich zum Konsumtempel gemausert. Aus dem ehemaligen Westberliner Hauptbahnhof ist eine »schnieke« Einkaufspassage und ein innerstädtischer Verkehrsknotenpunkt geworden, den täglich rund 150 000 Menschen passieren. Um dem Schmuddel-Image abzuhelfen, ließ die Deutsche Bahn AG das Gelände für 16 Millionen Mark umbauen. Im Dezember 1994 zogen 33 Geschäfte von der Apotheke bis zum Krawattenladen in die Empfangshalle. »Endlich kann man im Bahnhof Zoo richtig einkaufen gehen«, freut sich ein Reisender aus dem niedersächsischen Göttingen. »Früher hat man hier oft vergeblich nach etwas Eßbarem gesucht«, sagt er.

Erfreulich ist auch der Rückgang der Straftaten. Im Januar 1997 wurden 70 Taschendiebstähle registriert. Im Vorjahr waren es noch fast 200. »Der Bahnhof wird mehr und mehr zu einem Vorzeigebahnhof«, ist ein Beamter des Bundesgrenzschutzes überzeugt. Auch der Handel mit Drogen sei rückläufig. Auf den ersten Blick scheint der BGS-Beamte recht zu haben. Bundesgrenzschutz und die bahneigene Sicherheitsfirma BSG sind rund um die Uhr im Einsatz, verstärkt durch verdeckte Zivilbeamte. Doch im hellen Interieur der Empfangshalle bewegen sich nicht nur kofferschleppende Reisende. Vor dem Blumenladen hat ein betrunkener Penner sein Plätzchen gefunden, junge Stricher halten unverhohlen nach Freiern Ausschau, und auf dem Bahnhofsvorplatz prosten sich Trebegänger noch immer mit Bierdosen zu.

Einer von ihnen ist Jens. »Der Bahnhof ist mein Zuhause«, sagt er. Seit zwei Jahren ist der 19jährige heroinsüchtig. »Ich will ein ganz normales Leben führen, eine Familie gründen«, sagt er. »Doch alleine schaffe ich's nicht.« Markus ist dagegen seit zehn Jahren clean. Doch zum Bahnhof zieht es ihn immer wieder. »Ich gehöre einfach hierher«, sagt er. Streetworkerin Birgit Maatsch versucht seit Jahren, den Kindern vom Bahnhof Zoo zu helfen. »Von einer Entwarnung kann keine Rede sein. Im Gegenteil: Der Anteil minderjähriger Jugendlicher – vor allem Mädchen – nimmt zu«, sagt die Sozialarbeiterin. »Die Kids hängen oft nicht nur an der Nadel, sondern nehmen zusätzlich LSD oder Aufputschmittel.« Dreimal in der Woche geht Birgit Maatsch zum Bahnhof, spricht Jugendliche an, informiert über Therapieplätze.

›Wir wollen endlich weg von dem schlechten Image, das dem Bahnhof seit Jahrzehnten anhängt«, sagt Bahnhofsmanagerin Barbara Kraßke. Dazu gehöre auch, daß Obdachlose und Junkies dort nichts mehr zu suchen hätten. »Es soll wieder ein Bahnhof zum Wohlfühlen werden, ein Treffpunkt nicht nur für Reisende«, sagt Kraßke. Zwischen Jebensstraße und Hardenbergplatz soll eine Passage mit weiteren Geschäften entstehen. Außerdem will die Deutsche Bahn auf der Zwischenebene der Zoo-Terrassen den Reisenden mit einer Lounge neuen Komfort bieten. Bis zum Bauende im April 2000 soll der Fernbahnhof, der seinen Namen dem in unmittelbarer Nachbarschaft liegenden Zoologischen Garten verdankt, nicht länger als berühmt-berüchtigt gelten. Bereits mit dem Fahrplanwechsel im Mai 1998 sind für den Bahnhof Zoo neue Zeiten angebrochen. Die Route des ICE wurde bis zum Hauptbahnhof in Friedrichshain verlängert, der seitdem wieder den alten Namen Ostbahnhof trägt. Die einstige Westberliner »Endstation Zoo« ist zum Durchgangsbahnhof geworden.

Mit dem Bahnhof verändert sich auch seine Umgebung. Sie wächst auch in die Höhe. Wo jetzt noch die Gedächtniskirche mit ihren 63 Metern und das 23 Meter höhere

Europa-Center die City-West dominieren, könnten schon in naher Zukunft Wolkenkratzer in den Berliner Himmel ragen. An der Kantstraße soll das »Zoofenster« von Brau und Brunnen entstehen – ein 90 Meter hoher Glasturm. Schon jetzt setzt das Ludwig-Erhard-Hauses an der Fasanenstraße neue Akzente. Vielleicht erwartet den Zoobesucher von morgen eine Perspektive wie den Spaziergänger im New Yorker Central Park: eine atemberaubende Skyline am Rande einer grünen Oase.

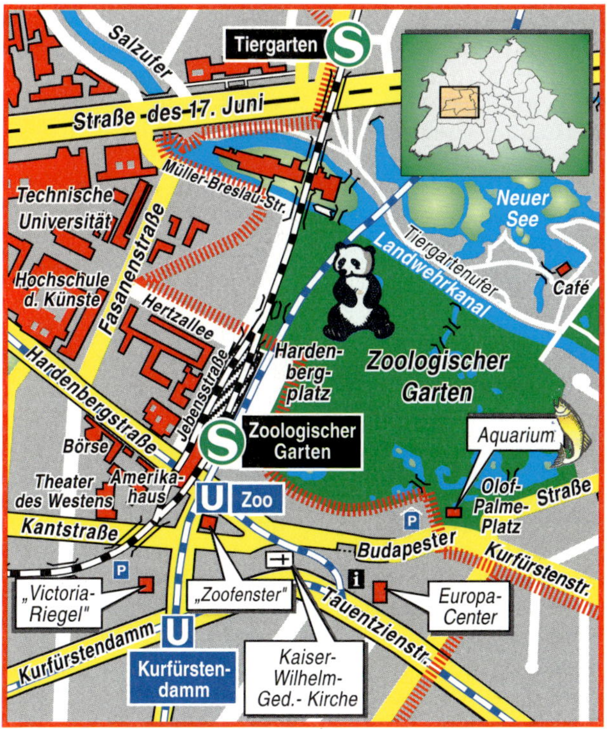

Register

Persönlichkeiten

Und noch was Buntes: